LA
CONFESSION
COUPÉE,
OU LA
METHODE FACILE
POUR SE PREPARER
AUX CONFESSIONS
PARTICULIERES ET GENERALES.

N° 128

LA CONFESSION COUPÉE,

OU LA MÉTHODE FACILE

Pour se préparer aux Confessions particulieres & générales.

Dans laquelle est renfermé l'Examen général des péchés les plus considérables qui se commettent par les personnes de toutes sortes d'états & conditions, lesquels sont tous coupés, & disposés de maniere que sans rien écrire on leve chaque article dont on se veut confesser ; & à l'instant ou après la Confession, le tout se remet & se confond avec les autres péchés, comme il étoit auparavant, sans que d'autres personnes puissent connoître les péchés dont on s'est accusé.

De l'invention du R. P. *Christophe Leuterbreuver*, Religieux de l'Ordre de S. François.

Avec un Traité des péchés plus communs des personnes mariées.

Revûe & corrigée en cette derniere Edition, & augmentée des Avis & Actes nécessaires pour la Confession & la Communion.

A PARIS,
Chez THEODORE DE HANSY, sur le Pont au Change, à S. Nicolas.

M. DCC. LI.
Avec Approbation & Privilége du Roi.

APPROBATION.

J'Ai lû par ordre de Monseigneur le Garde des Sceaux, l'*Office de l'Eglise en Latin & en François*, dédié au Roi; & *la Confession coupée*. En Sorbonne, le cinq Septembre mil sept cent trente-cinq.

Signé, DE MARSILLY.

PRIVILEGE DU ROY.

LOUIS, par la grace de Dieu, Roi de France & de Navarre: A nos amés & féaux Conseillers, les Gens tenans nos Cours de Parlement, Maîtres des Requêtes ordinaires de notre Hôtel, Grand-Conseil, Prévôt de Paris, Baillifs, Sénéchaux, leurs Lieutenans Civils, & autres nos Justiciers qu'il appartiendra, SALUT: Notre bien-amé THEODORE DE HANSY, Libraire à Paris, Nous ayant fait remontrer qu'il souhaiteroit faire continuer & faire imprimer & donner au Public, *l'Office de l'Eglise, Latin & François, contenant l'Office de la Vierge pour toute l'année; la Confession coupée, ou Méthode facile pour se préparer aux Confessions particulieres; & Pratique de la Confession & Communion;* s'il Nous plaisoit lui accorder nos Lettres de continuation de Privilége sur ce nécessaires; offrant pour cet effet de les faire réimprimer en bon papier & beaux caracteres, suivant la feuille imprimée, & attachée pour modéle sous le contre-scel des Présentes. A CES CAUses, voulant traiter favorablement ledit Exposant, Nous lui avons permis & permettons par ces Présentes, de faire imprimer lesdits Livres ci-dessus spécifiés, en un ou plusieurs Volumes, conjointement ou séparément, & autant de fois que bon lui semblera, sur papier & caracteres conformes à ladite feuille imprimée & attachée sous notredit contrescel, & de les vendre, faire vendre & débiter par tout notre Royaume, pendant le tems de six années consécutives, à compter du jour de la datte desdites Présentes : Faisons défenses à toutes sortes de personnes, de quelque qualité & condition qu'elles soient, d'en introduire d'impression étrangére dans aucun lieu de notre obéissance ; comme aussi à tous Libraires, Imprimeurs & autres d'imprimer, faire imprimer, vendre, faire vendre, débiter ni contrefaire lesdits Livres ci-dessus exposés, en tout ni en partie, ni d'en faire aucuns Extraits sous quelque prétexte que ce soit, d'augmentation, correction, changement de titre ou autrement, sans la permission expresse & par écrit dudit Exposant ou de ceux qui auront droit de lui, à peine de confiscation des Exemplaires contrefaits, de six mille livres d'amende contre chacun des contrevenans, dont un tiers à Nous, un tiers à l'Hôtel-Dieu de Paris, l'autre tiers audit Exposant, & de tous dépens, dommages & intérêts ; à la charge que ces Présentes seront enregistrées tout au long sur le Registre de la Communauté des Libraires & Imprimeurs de Paris, dans trois mois de la datte d'icelles; que l'impression de ces Livres sera faite dans notre Royaume, & non ailleurs; & que l'Impétrant se conformera en tout aux Réglemens de la Librairie, & notamment à celui du dixiéme Avril 1725. & qu'avant que de les exposer en vente, les Manuscrits ou Imprimés qui auront servi de copie à l'impression desdits Livres, seront remis dans le même état où l'Approbation y aura été donnée ès mains de notre très-cher & féal Chevalier, Garde des Sceaux de France, le Sieur Chauvelin, & qu'il en sera ensuite remis deux exemplaires dans notre Bibliothéque publique, un dans celle de notre Château du Louvre, & un dans celle de notredit très-cher & féal Chevalier, Garde des Sceaux de France, le Sieur Chauvelin; le tout à peine de nullité des Présentes: du contenu desquelles vous mandons & enjoignons de faire jouir l'Exposant ou ses ayans cause, pleinement & paisiblement, sans souffrir qu'il leur soit fait aucun trouble ou empêchemens. Voulons que la Copie desdites Présentes qui sera imprimée tout au long au commencement ou à la fin desdits Livres, soit tenue pour düement signifiée, & qu'aux copies collationnées par l'un de nos amés & féaux Conseillers & Secretaires, foi soit ajoûtée comme à l'Original. Commandons au premier notre Huissier ou Sergent de faire pour l'exécution d'icelles tous actes requis & necessaires, sans demander autre permission, & nonobstant clameur de Haro, Charte Normande & Lettres à ce contraires: Car tel est notre plaisir. DONNÉ à Versailles le vingt-sixiéme jour de Septembre, l'an de grace mil sept cent trente-cinq, & de notre Regne le vingt-uniéme. Par le Roi en son Conseil.

Signé, SAINSON.

Regiftré sur le Regiftre IX. *de la Chambre Royale des Libraires & Imprimeurs de Paris, Num.* 179. *fol.* 172. *conformément aux anciens Réglemens, confirmés par celui du* 28. *Février* 1723. *A Paris le* 8. *Septembre* 1735. *Signé*, G. MARTIN, *Syndic.*

AU PECHEUR
PENITENT.

Il n'y a rien de si contraire que le péché & la pénitence, rien de si opposé que le pécheur & le pénitent; & néanmoins l'un est la suite, en quelque façon, nécessaire de l'autre; car après avoir été pécheur, il faut être pénitent, si l'on veut se retirer de l'état le plus déplorable où l'on puisse se trouver. Il n'y a rien, dis-je, de si contraire & de si opposé que ces deux situations pour l'homme, quand elles sont séparées; mais il n'y a rien de si uni quand elles se rencontrent en un même sujet. Et ce qui est admirable, c'est que le changement qui se fait d'un pécheur en un pénitent, unit deux caractères ennemis & incompatibles. Car l'on ne peut être pénitent que l'on n'ait

Au Pécheur

été pécheur ; & tout pécheur ne devient pas toujours pénitent ; mais quand il devient pénitent, il n'est plus pécheur seulement, mais pécheur pénitent. Et c'est-là une des graces de Dieu la plus grande & la plus à rechercher ; grace que le Prophéte Royal demandoit avec tant de desir, quand il s'écrioit : « Ayez pitié de » moi, mon Dieu, selon votre gran- » de misericorde. »

Après cette supposition, je crois, chere Ame, que vous voudrez bien unir en votre personne ces deux qualités si contraires de pécheur & de pénitent : ce qui fait que je vous adresse volontiers, & comme par obligation & par devoir, les moyens de devenir un véritable pénitent. Ils consistent à faire une parfaite Confession, qui soit suivie de l'Absolution Sacramentale. Vous en avez dans ce Livre une instruction très-accomplie, de laquelle vous tirerez beaucoup d'utilité. Vous y avez mê- me, & c'est ce qui en fait la plus

pénitent.

grande partie, comme une liste des principaux péchés mortels ou véniels qui se peuvent commettre contre Dieu, c'est-à-dire contre ses Commandemens, contre ceux de l'Eglise, & ceux qui ont du rapport aux capitaux, que nous appellons ordinairement mortels. Elle pourra sans doute, beaucoup vous aider & faciliter l'intégrité de votre Confession dont vous sçavez peut-être l'importance. Cette liste a été traduite de Latin en François pour vous soulager ; je vous la présente avec toute l'affection possible, & avec le desir que vous en profitiez, & que vous mettiez en pratique ce qui vous y est enseigné, tant pour la Confession que pour la Communion. On y a ajoûté les pratiques les plus essentielles, soit pour s'y préparer, soit après les avoir reçûe. L'on y a aussi ajoûté & proposé des actes qui pourront vous servir dans leurs propres termes, ou vous aider à en former sur les mêmes sujets.

A ij

Au Pécheur

Je ne vous entretiens pas ici du fond de cette matiere; car tout ce que j'en pourrois dire, est dans les instructions qui suivent. Cependant pour vous inspirer plus de desir à les mettre en pratique, je veux vous faire ici l'eloge du véritable pénitent : je compterai y avoir réussi, en vous disant avec un Pere de l'Eglise, qu'il est plus rare de voir un véritable pénitent, que de voir des personnes qui ayent conservé l'innocence baptismale. Or, si la rareté donne le prix aux choses, il faut qu'un véritable pénitent soit un prodige de grace, puisqu'il s'en trouve moins que de véritables innocens après le Baptême. Vous serez sans doute surpris de cette proposition. Car qu'y a-t'il de plus considérable & de plus avantageux, que d'avoir persevéré dans la grace de Dieu; & de n'avoir point péché ni fait un faux pas en tant d'occasions où succombent presque tous les hommes? C'est, sans doute, approcher du privilége d'un pénitent.

saint Jean-Baptiste, d'un Prophète Jérémie, & de quelques autres, quoiqu'en petit nombre, qui ont eu l'avantage d'être sanctifiés dans le sein de leurs meres. Et néanmoins un pécheur converti est en quelque façon plus à estimer, puisqu'il est plus rare. Mais si je vous dis encore, pour preuve de cette vérité, que la pénitence est beaucoup plus pénible que l'innocence, n'aurai-je point lieu d'espérer que vous entrerez dans mon sentiment? En effet, dans l'innocence il n'y a ni mouvement, ni changement; & je la compare au repos & à l'inaction, au lieu que la véritable pénitence consiste dans une action & un travail non interrompu, selon que l'Eglise nous l'enseigne dans tous les siécles.

Voila, chere Ame, une légére idée de la pénitence, que je ne crois pas devoir étendre ici davantage, puisque vous êtes entierement résolue de la pratiquer, & que vous espérez en recueillir les fruits qui en sont

Préparation

revenus aux ames qui s'y sont exercées avec efficace. Je vous y exhorte autant qu'il m'est possible, & vous demande de vous souvenir dans vos prieres de ceux qui se sont employés à vous dresser un si utile modéle d'une vertu si necessaire.

INSTRUCTION
De ce qu'il faut observer pour faire une véritable pénitence.

UN pécheur qui désire se relever de son péché, doit être semblable à un malade qui recherche sa guérison. Il n'omet rien de tout ce qu'il croit y pouvoir contribuer. Il obéit ponctuellement au Médecin: Il se résout à l'amertume des breuvages, aux cruelles opérations des Chirurgiens, & à mille assujettissemens qui ne causent que de la douleur & de l'affliction. Ainsi le pécheur qui veut guérir de sa maladie spirituelle, c'est-à-dire, *à la Confession.*

se relever de son péché, doit se comporter de la même manière, & observer quatre points très-importans.

I. Il doit rentrer en soi-même, sonder & pénétrer jusqu'au fond de son cœur, & découvrir ses sentimens sur le regret d'avoir offensé Dieu : examiner quel est le motif de ce regret, s'il est naturel ou surnaturel ; s'il se rapporte à la Majesté divine, à sa puissance, à sa bonté, au grand nombre de ses graces, dont il a abusé ; ou bien s'il n'est fondé que sur la crainte de l'enfer, ou sur une vertu morale qui l'oblige, après une sérieuse réflexion, à se repentir d'avoir commis des crimes, qui de leur nature sont des actions odieuses, & que tout honnête homme doit fuir autant que la peine qu'ils méritent.

II. Que s'il se trouve disposé de telle manière, qu'effectivement il déteste & ait en horreur ses offenses, & qu'un véritable repentir l'oblige à se résoudre fortement de ne plus retomber dans ce malheureux précipice, il en produira un acte véritable, & se mettra en état de faire l'examen de sa conscience, à quoi il aura d'autant plus de facilité, qu'il trouvera dans la suite de ce Livre, un dénombrement de tous les péchés qui se peuvent commettre par des personnes de toutes sortes de conditions, & des Actes de Contrition & d'autres vertus, qui doivent ou précéder, ou suivre cet examen, pour lequel il y aura aussi des instructions particulières.

III. Il doit faire aussi une forte résolution d'éviter les occasions du péché, & pardessus les autres celles que l'on appelle prochaines; ce qui est d'une telle importance, que sans cela il est impossible d'être ni véritable, ni parfait pénitent, si on ne s'en retire comme du milieu d'un incendie où l'on seroit en danger d'être consumé par les flammes. Pour donner quelque éclaircissement sur le sujet de ces occasions prochaines, qu'il faut nécessairement éviter; je propose pour exemple une concubine qu'il faut éloigner & chasser, ni plus ni moins qu'un poison ou qu'un air contagieux; les mauvais livres dont la lecture peut être pernicieuse, les portraits ou tableaux capables de former des imaginations vicieuses, & d'imprimer des idées qui portent ordinairement au péché. A quoi j'ajoûte le refus des réconciliations & des restitutions de biens & de réputation; car ce refus est non-seulement une occasion prochaine de péché, mais même un grand péché en soi-même.

IV. Enfin il faut que le pécheur travaille sérieusement à recouvrer la grace qu'il a perdue par sa faute; à quoi il pourra parvenir par les œuvres satisfactoires que l'Eglise a ordonnées, & qui sont la priere, l'aumône & le jeûne, qui comprend les mortifications, les austérités, les humiliations & autres pratiques qui répugnent à la nature & aux sens, mais qui sont de grande efficace & qui produisent des fruits merveilleux, tant pour le passé que pour l'avenir. Il entreprendra ces choses avec un grand courage, s'il veut un peu méditer ces paroles du Fils de Dieu: *Que sert-il à l'homme d'être maître de tout le monde, s'il vient à perdre son ame?* & s'il veut se persuader, comme il y est obligé, qu'il n'y a point de milieu entre faire pénitence ou être damné, il conviendra que c'est une grande lâcheté de différer sa conversion d'un moment, puisque c'est encore un oracle de l'Evangile, qui porte en termes exprès: Si vous ne faites pénitence, vous périrez tous: *Si pœnitentiam non egeritis, omnes simul peribitis.*

DE LA PENITENCE
EN GENERAL.

LA Pénitence est un Sacrement si néceſſaire aux pécheurs, c'eſt-à-dire, à ceux qui ont violé les promeſſes qu'ils avoient faites au Baptême, qu'il n'y a point d'autre moyen pour eux de ſe relever de leurs chûtes & ſortir de leurs vices. Il y a deux principales ſortes de péchés qui font perdre à l'homme la vie de la grace, & l'amour que Dieu a pour lui : ce ſont le péché originel, & le péché actuel. Nous contractons le péché originel en naiſſant, & nous le tirons par ſucceſſion d'Adam, qui ayant été le premier homme, a été auſſi le premier pécheur. Le péché originel qui nous a été remis par le Baptême, n'eſt point l'objet des préſentes inſtructions. Le péché actuel eſt celui que nous commettrons par notre propre volonté depuis que nous avons atteint l'uſage de la raison, & que nous sommes en état de connoître & de discerner le bien du mal. Cette seconde espéce de péché ne peut être remise que par la Pénitence considerée comme vertu ou comme Sacrement.

La Pénitence, comme Sacrement, a trois parties ; la Contrition, la Confession & la Satisfaction. Nous traiterons de ces trois parties l'une après l'autre.

DE LA CONTRITION.

LA Contrition en général est une douleur & un regret d'avoir offensé Dieu.

Il y a deux sortes de Contritions. L'une est appellée parfaite, & l'autre imparfaite, c'est celle que l'on nomme Attrition. Nous en parlerons après avoir traité de la premiere. La Contrition parfaite a tant de force auprès du Seigneur, que quelquefois elle peut seule obtenir le pardon des péchés sans le ministere de la Confession, quand

de la Pénitence. 13

il n'y a pas lieu de recourir au Sacrement; à condition toutefois de s'en approcher sitôt qu'on le pourra; & dans le cas de mort subite, elle peut aussi donner l'entrée du Ciel à une ame qui en seroit prévenue. La Contrition consiste à concevoir, & à ressentir dans sa volonté de la douleur, & du repentir de ses péchés. Il faut pour la Contrition, que ces sentimens surpassent dans le cœur tous ceux que l'on pourroit avoir à l'égard de la créature, qui sont, les adversités, dont l'on peut être affligé dans le monde, comme les maladies, les afflictions, les pertes de biens, de procès, de parens, d'amis, la mort naturelle, même la violente, & accompagnée de toutes les cruautés des tyrans. Voilà jusqu'à quel point il faut être affligé d'avoir offensé Dieu, & en cela consiste la parfaite Contrition. Mais ce n'est pas assez: il faut que ce sentiment ait pour son motif le pur & le seul amour de Dieu. En effet, ame pécheresse, que penses-tu avoir fait, quand tu as offensé ton Dieu? Tu as fait plus de mal que si tu avois renversé toute la nature; que si tu avois même détruit & anéanti les Anges, les Saints, les Cieux, &c. si cela étoit en ton pouvoir. En effet, Dieu est si élevé au dessus de ses créatures, que leur anéantissement universel n'est pas capable de réparer le moindre péché véniel que l'on a commis contre sa Majesté. Aussi saint Augustin regarde le moindre péché comme un si grand mal, qu'il dit qu'un péché véniel est un plus grand mal que le retour de l'univers dans le néant. Il faut donc par conséquent, que la douleur qu'un pécheur doit ressentir de ses crimes, surpasse de beaucoup toutes les peines d'esprit que l'on a jamais ressenties en la vie. Et c'est cette disposition du cœur qui ne peut être sans la charité, qui s'appelle Contrition parfaite, ou

de la Pénitence. 15

simplement Contrition. La Contrition consiste donc dans le regret de n'avoir pas toujours aimé Dieu en vûe de lui seul, dans le déplaisir de l'avoir offensé, pour sa seule consideration ; & enfin en la résolution de l'aimer toujours plus que soi-même, & cela en vûe de sa seule bonté. Après tout, qu'y a-t-il de plus doux & de plus agreable que d'aimer ? C'est une inclination si favorable à l'homme, qu'il y prend tous ses plaisirs ; car il n'y a point de plaisir sans amour ; & plus ce que l'on aime est aimable, plus l'on y a de plaisir. Quel plaisir sera-ce donc d'aimer Dieu ? Mais si l'on aime Dieu, quelle douleur ne concevra-t-on pas de ne l'avoir pas toujours aimé ? Il faut donc dire encore avec saint Augustin : *Que je vous ai aimé tard, ô beauté si ancienne & si nouvelle, ô que je vous ai aimé tard !* Et voilà les points essentiels de la Contrition parfaite, & dont nous devons demander la grace à Jesus-Christ pour l'obtenir.

Acte pour obtenir la Contrition.

MOn Dieu, qui m'avez fait connoître & détester mon péché, pardonnez-le-moi, s'il vous plaît. Mais, mon Dieu, s'il n'y a qu'à pécher pour dire après quand on le juge à propos : Pardonnez-moi, Seigneur ; que deviendra votre justice ? Il faut qu'elle soit satisfaite aussi-bien que votre miséricorde. Votre bonté miséricordieuse se plaît à pardonner, & c'est son caractere ; mais votre justice ne peut souffrir que les péchés soient impunis en ce monde ou en l'autre. Et comme vos attributs sont égaux, & que vous êtes aussi juste que miséricordieux, & aussi miséricordieux que vous êtes juste, il faut de nécessité que votre miséricorde & votre justice soient satisfaites dans la punition & dans la remission du péché, conformément à ce qu'a dit votre Prophéte : La

de la Pénitence. 17

miséricorde & la vérité (c'est-à-dire, la justice) se sont rencontrées; la justice & la paix se sont entrebaisées. *Misericordia & veritas obviaverunt sibi; justitia & pax osculatæ sunt.* C'est pourquoi, mon Dieu, je me jette aux pieds de votre Majesté, & je présente à votre miséricorde un nombre infini de péchés, pour en obtenir le pardon. Sans doute qu'elle prendra plaisir à avoir un objet si plein & si abondant pour contenter son inclination, & pour exercer son pouvoir & son autorité; mais que présenterai-je à votre justice, afin qu'elle puisse être satisfaite? Si je ne lui présente que mes crimes, elle m'abîmera aussi-tôt dans l'Enfer, où je ne pourrai plus vous louer ni vous aimer! Il faut pourtant que je lui présente quelque chose qui lui soit proportionnée. Elle n'a point d'autre emploi que de rendre à chacun ce qui lui est dû: la récompense aux gens de bien: la punition aux coupables. Comme je n'ai point de vertus ni de bonnes actions qui puissent ni accompagner lorsque je me prosternerai aux pieds de son Trône, permettez-moi, mon Dieu, mon Sauveur, mon Rédempteur, de me mettre à l'abri de votre Croix, ou de la Colonne où vous fûtes flagellé. Permettez, ô Jesus mon Sauveur, que les mérites adorables & infinis de vos souffrances, de votre mort, & du sang précieux que vous avez tout répandu sur la Croix, effacent & noyent tous les crimes dont je suis coupable. La Justice de Dieu sera sans doute satisfaite, lorsqu'elle verra que vous avez tant souffert pour me garantir de son indignation & de sa colere. Mais, mon Dieu, qui me donnera part à tant de peines & à tant de mérites? Ce sera le Sacrement que vous avez institué pour la rémission des péchés. Je suis sur le point d'en approcher, mon Sauveur; & comme je ne puis en ap-

de la Pénitence. 19

procher dignement, si vous ne touchez mon cœur, ensorte qu'il soit pénétré de douleur de vous avoir offensé; je vous demande la grace qu'il soit si humilié, si contrit & si abattu, que n'ayant plus aucune attache, ni à la terre, ni aux créatures, il ne soupire que pour vous, il n'aspire qu'à vous, il ne cherche que vous, & ne désire que le pardon de ses péchés, dont le regret qu'il en concevra pour votre seul amour soit si sensible, qu'il puisse mériter que le prix de votre précieux sang lui soit appliqué.

DE L'ATTRITION.

APrès avoir parlé de la Contrition parfaite, & en avoir donné un acte assez ample, il faut dire en peu de mots quelque chose de l'Attrition ou Contrition imparfaite. Elle consiste à être fâché d'avoir offensé Dieu, non pas pour son seul & pur amour, mais seulement pour avoir mérité les peines

Des parties
de l'Enfer, ou pour être déchû de la gloire du Ciel, ou par quelqu'autre motif qui regarde plutôt l'intérêt du Pénitent, que l'honneur ou la gloire de Dieu. Elle est pourtant quelquefois inspirée du saint Esprit, & par conséquent surnaturelle, ensorte qu'étant jointe à la Confession, elle obtient alors le pardon des péchés, parcequ'en vertu de ce Sacrement, d'attrit on devient contrit; c'est-à-dire, que le pécheur n'ayant considéré en s'approchant du Tribunal de la Pénitence que son propre intérêt & la perte ou le dommage qu'il doit souffrir pour ses offenses, devient peu à peu plus éclairé & plus touché, & s'élève même à la considération des graces dont Dieu l'a favorisé nonobstant ses démérites & son ingratitude; ensorte que par ce moyen il conçoit du déplaisir & du regret d'avoir offensé un Dieu si bon, si bienfaisant, si libéral, si rempli de miséricorde & de patien-

de la Pénitence. 21

ce envers des crimes commis contre la Majesté divine même.

Or l'Attrition étant comme un degré pour passer à la Contrition, lorsque le pécheur est dans cette disposition, il doit s'efforcer de la convertir en une parfaite Contrition; & pour l'obtenir il en demandera la grace à Dieu par le moyen de l'Acte suivant.

Acte pour parvenir de l'Attrition à la Contrition.

SEigneur mon Dieu, vous m'avez donné de l'intelligence, & des graces qui m'ont fait lever les yeux vers le Ciel, ainsi que le disoit votre Prophéte. Cette considération m'a fait penser à l'Eternité. Je me suis entretenu des jours anciens, & des années éternelles. J'en ai conçû de la terreur, & de-là j'ai pris occasion de me souvenir des déréglemens de ma vie passée, qui m'ont fait appréhender les tourmens de l'Enfer, & regretter

Des parties

la perte du Ciel. Mais ce n'est pas assez, mon Dieu, j'ai dû ne considérer que vous seul ; & prendre plus d'intérêt à votre gloire qu'à mon propre salut. Car, qui suis-je, mon Dieu, & qui êtes-vous, pour que je pense plurôt à moi qu'à vous ? J'ai pourtant eu l'espérance du pardon en m'approchant du Sacrement que vous avez institué pour la rémission des péchés. Mais puisque je suis instruit par votre grace, & que je reconnois présentement qu'il est bien plus juste de vous aimer par votre pur & seul amour, que d'appréhender votre justice pour mon seul intérêt ; inspirez-moi, s'il vous plaît, un sentiment, qui vous rende plus d'honneur, & me soit plus avantageux pour l'éternité.

DE LA CONFESSION.

LA Confession, qui est la déclaration de tous ses péchés, faite à un Prêtre qui a le pouvoir d'en absoudre, est l'un des principaux bienfaits dont Dieu favorise ses enfans. C'est une fontaine ouverte que le Sauveur a laissée dans son précieux côté, pour y baigner & y laver notre ame, lorsqu'elle se trouve souillée de quelques péchés. C'est, dis-je, une source très-claire & abondante pour nettoyer nos taches. C'est une excellente médecine pour guérir nos infirmités, & un moyen très-efficace pour nous reconcilier avec Dieu. Il y a au commencement de ce Livre une instruction de ce qu'il faut faire, & comment il se faut comporter pour en approcher dignement. Vous pouvez y avoir recours; car sur ce sujet l'on ne pourroit que répéter ce qui a déja été dit. J'ajoûte pourtant qu'il n'est besoin d'aucun acte qui la précéde immédiatement, que du *Confiteor*, que l'on prononce à l'oreille du Confesseur, avant que l'on commence à s'accuser.

Des parties

Il y a deux sortes de péchés actuels, le véniel & le mortel. Il n'est pas absolument nécessaire de confesser ce premier : mais le mortel ne peut point être remis que par une pénitence faite selon les règles de l'Eglise. Mais comme un bienfait si signalé mérite bien un remerciment; voici un acte que je vous ai dressé.

Acte de remerciment pour la Confession.

Que mon ame vous bénisse, ô mon Dieu, & que tout ce qui est en moi, loue votre saint Nom, puisque vous m'avez attendu encore une fois. Que la Vierge, Mere de mon Sauveur, tous les Anges, tous les Saints, & toutes vos créatures vous en remercient. Et moi de ma part, mon Dieu, je vous présente en holocauste tout ce que je suis, tout ce que je puis, tout ce qui dépend de moi, quoique tout cela soit à vous par tant d'autres titres. Mais pardessus tout, mon Dieu, je vous offre un cœur contrit & humilié, qui vous est un sacrifice agréable, comme votre Prophéte nous en a assuré.

Du bon propos de ne plus offenser Dieu.

QUoique ce bon propos soit comme renfermé & contenu dans la Contrition, car il n'est pas possible que l'on soit véritablement fâché d'avoir fait une chose, & qu'on ne soit pas dans la résolution de ne la plus faire, si l'occasion s'en représentoit: néanmoins il sera bon d'en faire un acte séparé, dont je vous produis le modéle suivant.

Acte de bon propos.

J'Ai tant de regret, mon Dieu, de vous avoir offensé, que je déteste tous mes crimes, j'en ai autant d'horreur que j'en puis concevoir. Et cela fait que je propose, je proteste & je promets de ne jamais y retomber, moyennant votre sainte grace, que je vous demande, mon Dieu, plus ardemment que je ne vous demanderois la vie, si j'étois au lit de la mort.

Ce qu'il faut faire pour se bien confesser.

POur faire une sincere & parfaite Confession, il faut premierement le vouloir; mais le vouloir aussi fortement, que l'on voudroit être heureux en ce monde ou en l'autre. En second lieu, il faut dégager son esprit de la pensée des choses terrestres pour l'élever à la contemplation des célestes, & le débarrasser de toute habitude, & de toute affection au péché. En troisiéme lieu, il faut, s'il est possible, ne pas attendre le temps d'infirmité pour se confesser; car souvent la maladie abat si fort le corps & l'esprit, qu'elle nous met hors d'état de porter nos pensées à autre chose qu'à nos peines & à nos douleurs: & il y a bien à douter, si en cet état on peut faire une bonne Confession; & si ceux qui ont differé leur Pénitence & leur Confession jusqu'à la mort, n'y sont point surpris & trompés. Enfin il faut la grace, sans laquelle nous ne pouvons absolument faire une bonne Confession.

Avant que d'entrer en matiere & d'expliquer les parties de la Confession en particulier, j'ai jugé à propos de coucher ici les pensées que doit avoir une ame qui veut sérieusement penser à sa conversion.

ACTES ET REFLEXIONS

Pour un pécheur repentant qui désire se convertir à Dieu.

Eleve-toi, mon ame, vers ton centre, & ne differe plus ta conversion d'un seul moment. Le passé n'est plus, il s'est écoulé, il s'est évanoui; il n'a pas plus duré qu'un éclair, il n'en reste aucun vestige, non plus que du passage d'un navire sur la mer, ou d'un oiseau au travers de l'air. L'avenir n'est pas à toi, & tu n'y as aucun pouvoir. Tu ne peux prétendre que le présent. Mais hélas ! ce présent n'est qu'un moment ; & ce moment ne t'est accordé que pour servir Dieu, comme tu le dois, tant parce que tu es sa créature, que parce que tu es rachetée par le sang de son Fils, & que tu es créée pour gagner l'éternité bienheureuse. Conçois bien l'étendue & l'importance de ces trois paroles : Un Dieu, un Moment, une Eternité. Un Dieu qui te regarde. Un moment qui t'échappe imperceptiblement. Une éternité heureuse ou malheureuse qui t'attend. Un Dieu qui est tout, qui peut tout, qui sçait tout, qui voit tout. Un moment qui n'est rien ; car qu'est-ce qu'un moment ? Une éternité qui te donne tout, ou t'ôte tout pour jamais. Un Dieu que tu sers si négligemment. Un moment que tu ménages si mal. Une éternité que tu risques & que tu hazardes si inconsidérément. O Dieu ! ô Moment ! ô Eternité !

O Dieu ! mon cœur vous regarde; mon cœur vous désire; mon cœur vous cherche pour se donner à vous, pour se soumettre & s'assujettir à vous, & pour se remplir de vous. Je vous supplie d'en prendre l'entiere & paisible possession; d'en bannir le péché, l'attache aux créatures, à la terre, à la vie mortelle, aux biens, aux honneurs, & à l'amour déréglé de moi-même; afin que je vous serve si fidélement tous les momens qui me restent de la vie, que je puisse mériter de vous posseder enfin dans l'éternité bien-heureuse. Ainsi soit-il.

DES PARTIES DE LA CONFESSION.

POur parfaitement concevoir une chose, il est à propos de connoître les parties qui la composent : C'est pour cette raison que nous établirons les parties de la Confession, & nous donnerons une courte explication de chacune, pour l'instruction & la consolation des personnes qui n'en sont pas bien instruites, avec des Actes de piété, pour demander à Dieu la grace de s'en bien acquitter, & de les bien pratiquer.

Ces parties de la Confession, sont la préparation, l'examen, la déclaration de ses péchés, le ferme propos de ne plus retomber dans le péché, & la satisfaction.

De la Préparation.

LA Préparation est la premiere des parties de la Confession. Car de même que lorsqu'on se prépare à quelque action publique, ou même à quelque entretien particulier, on y applique ses pensées avec attention; que ne doit-on point faire pour se disposer à l'affaire la plus importante de la vie, & de laquelle dépend l'éternité bienheureuse ou malheureuse? Cette préparation consiste à rentrer en soi-même; à faire réflexion sur l'état de sa conscience, & en fouiller &

de la Confession.

sonder les replis les plus cachés; à se reconnoître pécheur, à concevoir de l'aversion pour le péché, & à produire des actes de la plus parfaite & la plus profonde humilité, en se prosternant devant la Majesté divine, & en lui demandant la grace nécessaire pour procéder à un Examen solide, exact & rigoureux, de toutes les fautes que l'on a commises durant tout le cours de sa vie, mais particulierement depuis la derniere fois que l'on s'est approché du Sacrement de Pénitence.

Acte de Préparation.

Dieu du Ciel & de mon cœur, permettez-moi de vous adresser les paroles qu'adressa autrefois sainte Elisabeth à la sacrée Vierge: *Unde hoc mihi?* D'où me vient cette grace que je sois inspiré de penser à mon salut, & de me mettre en état d'obtenir le pardon de mes crimes? C'est sans doute, votre saint

Esprit qui prend pitié de ma misere, & qui me l'ayant fait ressentir & reconnoître, a eu tant de bonté que de me porter à en rechercher le reméde. Venez donc, ô saint Esprit, & donnez-moi les lumieres nécessaires pour parvenir à ce que vous m'inspirez avec tant de miséricorde.

De l'Examen.

L'Examen est une partie de la Confession, si nécessaire & si importante qu'il semble que quand il est bien fait, la suite n'en peut être défectueuse. Il est très-nécessaire ; car si dans les affaires du monde un débiteur qui veut satisfaire à ses créanciers, rappelle sa mémoire, visite ses registres & ses papiers, & se rend à soi-même un sérieux & fidéle compte de ce qu'il peut devoir ; n'est-il pas bien juste qu'étant obligés à Dieu, pour tant de graces, dont il nous comble tous les jours, & pour tant de dettes que nous contractons journellement par nos crimes, non-seulement nous nous mettions en état de lui rendre compte, mais aussi nous le fassions avec toute l'exactitude qui nous sera possible? Demandez-en la grace par l'acte suivant.

Acte avant l'Examen.

SEigneur mon Dieu, votre Prophéte Royal a protesté autrefois devant votre divine Majesté, qu'il vous confesseroit son injustice, dans l'espérance d'en obtenir le pardon. Et moi, Seigneur, qui suis le plus abominable des pécheurs, je vous fais aujourd'hui la même protestation. Mais, mon Dieu, je suis accablé d'un si grand nombre de crimes; mon iniquité m'est un poids si insupportable; & toutes les facultés de mon ame sont si rebelles, qu'elles semblent s'opposer à mon dessein. Mon entendement est obscurci par l'habitude du péché; ma volonté n'a

Des parties

point de mouvement pour le bien, & ma mémoire refuse de me représenter les comptes dont je vous suis redevable. Faites donc, s'il vous plaît, Dieu tout-puissant, que je sois délivré de ces difficultés. Eclairez mon entendement, échauffez ma volonté, & donnez-moi la grace de rappeller ma mémoire.

Maniere de faire l'Examen.

LA méthode la plus courte & la plus aisée d'examiner sa conscience, est de se souvenir du temps de la derniere Confession, des lieux où l'on a été, des occupations où l'on s'est employé, & des personnes avec qui l'on a conversé; car les lieux, les occupations & les personnes sont presque toujours les instrumens & les accompagnemens des péchés. Il faut ensuite considérer ce que l'on a fait contre Dieu, contre le prochain & contre soi-même, en pensées, en paroles, en actions & en omissions. Il faut aussi faire rendre compte à son entendement, de ses pensées; à sa volonté, de ses desirs; à son imagination, de ses emportemens & de ses extravagances; & à tous ses sens extérieurs, de l'abus qu'ils ont fait de leur usage avec les créatures. Enfin, il faut parcourir les Commandemens de Dieu & de l'Eglise, & voir en quoi on les a violés, les sept péchés mortels, les devoirs de sa condition, de sa charge & de son emploi: mais ne pas oublier si on a manqué aux devoirs de la charité & de la miséricorde; car c'est proprement le défaut de ces devoirs qui produit les péchés cachés, dont David demandoit si instamment à Dieu d'être délivré, quand il s'écrioit: *Ab occultis meis munda me Domine, & ab alienis parce servo tuo*: Seigneur, délivrez-moi de mes péchés secrets, & pardonnez-moi ceux que j'ai commis par le moyen d'autrui. Voilà donc une méthode courte & aisée d'examiner sa conscience; mais ce n'est pas assez de la pratiquer, il faut la bien pratiquer. Et pour y parvenir, il y faut apporter autant de soin, autant de temps, autant d'exactitude, & autant de précautions que l'on en apporteroit en une affaire de très-grande importance, & qui regarderoit l'établissement de notre fortune, ou de celle de nos enfans pour toute la vie. Durant & après l'Examen, il sera bon de se recueillir de fois à autre, soit mentalement ou vocalement, faisant quelque acte à Dieu, comme pourroit être le suivant.

Acte de détestation de ses péchés.

AH Dieu, que je suis un grand pécheur ! Quoi ? est-il bien possible que la terre m'ait supporté jusqu'à présent ? Comment se peut-il faire que les carreaux du Ciel ne m'aient pas écrasé ? Ai-je bien été si malheureux que de commettre tant de crimes contre mon Dieu ? Quoi, j'ai offensé si hardiment la Majesté divine, mon Créateur qui m'a fait tant de grace; mon Rédempteur qui m'a racheté aux dépens de sa vie & de tout son sang ; mon Sanctificateur qui m'a donné tant de lumieres, qui m'a tant de fois inspiré de me convertir; & je jouis encore de la clarté du soleil, de l'usage des élémens, & de toute la nature? Ah, sainte Trinité, la parole de David est bien véritable! *Apud Dominum misericordia, & copiosa apud eum redemptio*: Il y a dans le Seigneur une misericorde & une rédemption abondante. J'en suis trop convaincu, mon Dieu, & je n'en puis douter. Confonds-toi donc, mon ame, abîme-toi, mon cœur : Mes yeux, ne cessez point de répandre des ruisseaux de larmes ; Mes mains, soyez armées de fouets & de disciplines : Mes épaules, souffrez-en incessamment les coups ; ma tête, soyez couverte de cendres ; Tout mon corps, soyez revêtu de haires

Des parties

& de cilices : mes pieds, ne marchez que sur des ronces & sur des épines : afflictions, maladies, infortunes, accablez-moi. Que la terre ait honte de me porter : que le soleil rougisse, quand il m'éclaire : que toutes les créatures se révoltent contre moi, & qu'elles me soient ennemies, puisque j'ai tant offensé mon Dieu, & que je suis le plus abominable des pécheurs.

De la Satisfaction.

Cette derniere partie du Sacrement de Pénitence, consiste premierement à satisfaire à ce que le Confesseur enjoindra pour pénitence : Secondement, à pratiquer des mortifications volontaires, telles que nous les avons décrites. Et il faut remarquer que ce qu'enjoint le Confesseur, n'est qu'une petite parcelle des peines que nous méritons, qui est néanmoins d'une grande efficace, à cause de l'union qu'il a avec le Sang du Fils de Dieu,

de la Confession. 39

à quoi il est appliqué. Faites-en donc votre profit, en l'offrant au Pere Eternel.

Acte de Satisfaction.

PEre Eternel, s'il n'y a point d'offense pour laquelle on ne soit redevable d'une satisfaction, où en trouverai-je une suffisante pour tant de crimes que je viens de reconnoître? Tout le genre humain n'est pas capable de vous satisfaire dignement pour le moindre péché véniel; & moi, pécheur abominable, à qui aurai-je recours? A votre Sacrement, mon Dieu, qui tire sa vertu & son efficace du Sang précieux de votre Fils bienaimé. Il est plus que suffisant pour tous les péchés d'un million de monde. Acceptez-le, s'il vous plaît, mon Dieu, pour les miens; & appliquez-le à ce peu de peines que m'a enjoint mon Confesseur, votre Vicaire en terre.

4º

On a déja dit, que pour se servir de l'Examen qui suit, il faut marquer les péchés que l'on a commis, en tirant avec un canif, une pointe de couteau, ou même une épingle, les bouts des lignes de vos péchés, qui sont tous renfermés entre deux rayes noires, & coupés au bout des lignes. Ensuite, tout l'Examen étant lû, on trouvera que ceux dont les bouts sont levés hors de ligne, sont ceux dont on doit s'accuser.

SUR LE PREMIER Commandement.

Un seul Dieu tu adoreras, & aimeras parfaitement.

J'Ai vêcu dans l'hérésie. *Il faut spécifier le temps.*

Je me suis fait honneur de paroître hérétique sans l'avoir été.

J'ai renié la Foi extérieurement & de parole.

J'ai enseigné l'hérésie.

J'ai favorisé les hérétiques.

J'ai soutenu les hérétiques dans leur opiniâtreté.

Je les ai confirmé dans leur erreur, pour en tirer quelque avantage temporel.

J'ai reçû leurs services jusqu'à scandaliser les Catholiques.

J'ai empêché leur conversion.

Je n'ai pas eu soin de faire travailler à la conversion de mes domestiques.

J'ai favorisé les opinions, *ou* les succès des hérétiques.

J'ai expliqué aux hérétiques, au préjudice de la Religion, ce qui concerne l'administration de l'Eglise.

Je me suis associé d'une maniere nuisible avec les ennemis de la Religion.

Je leur ai fourni armes & munitions.

J'ai fait ce que j'ai pû pour empêcher le progrès de l'Eglise Catholique.

J'ai eu des doutes sur la Foi.

Je n'ai pas voulu en croire quelques articles.

pour se confesser. 43

Je me suis raillé des Cérémonies de l'Eglise.

J'ai reçû les Sacremens chez les hérétiques.

J'ai assisté à leurs Prêches.

Je me suis exposé au danger de mon salut, en négociant avec des hérétiques.

Je me suis marié avec des hérétiques sans nécessité.

J'ai fait épouser mes enfans avec des hérétiques.

J'ai des livres hérétiques, je les ai lû sans permission.

Je les ai fait lire, donné ou vendu à d'autres.

J'ai composé des livres hérétiques; j'en ai fait imprimer.

J'ai méprisé la Religion.

C ij

Je l'ai employée à quelque profit temporel.

Je me suis entretenu avec des gens sans Religion, & j'ai suivi leurs sentimens.

J'ai cru que l'on se pouvoit sauver en toute Religion.

Je n'ai pas cru en Dieu.

Je n'ai cru aucun des articles de Foi.

J'ai douté qu'il y eût un Dieu & une Providence.

J'ai voulu expérimenter si Dieu feroit, ou pourroit faire quelque chose.

J'ai demandé des miracles avec témérité.

Je n'ai pas appris les choses nécessaires au salut.

pour se confesser. 45

J'ai appris les arts magiques & superstitieux.

Je les ai pratiqués *ou* enseignés.

J'ai cherché avec ardeur ces mêmes arts magiques.

Je me suis servi de remédes superstitieux contre la fiévre & d'autres maux.

J'ai ajoûté foi aux songes.

J'ai consulté les Devins; j'ai ajoûté foi aux faussetés qu'ils m'ont dites.

J'ai essayé de deviner sur de apparences vaines & superstitieuses.

J'ai eu & j'ai lû des livres de magie, & superstitieux.

J'ai encore de ces livres.

J'en ai donné à d'autres; j'en ai vendu.

J'en ai composé, *ou* imprimé.

Je me suis fié aux hommes.

Je me suis fié sur mes forces, sur mon esprit, mes talens, mon crédit, &c.

Je me suis laissé emporter à la joye dans la prospérité.

Je me suis laissé abattre dans l'adversité.

Dans mes maladies j'ai eu plus de soin de mon corps que de mon ame.

J'ai eu plus de confiance au médecin qu'à Dieu.

Je me suis trouvé dans la disposition de prendre toutes sortes de remédes, même ceux que je sçavois n'être pas permis.

J'ai désiré l'assistance du démon, en cas que Dieu me refusât la sienne.

pour se confesser. 47

J'ai été trop impatient.

Je me suis trop attristé.

Je me suis ennuyé de vivre, par impatience.

J'ai maudit ma naissance.

J'ai murmuré contre Dieu.

J'ai désespéré de mon salut, & de la miséricorde de Dieu.

Je me suis flatté que Dieu me sauveroit, sans que je fisse pénitence.

Je suis resté avec obstination dans le péché.

Je me suis laissé aveugler dans l'ame, & je n'ai point voulu entendre parler, ni de mon salut, ni de Dieu.

J'ai refusé de faire pénitence.

J'ai différé de bien faire.

Je n'ai pas gardé les bons propos que j'avois faits.

J'ai accusé Dieu d'avoir mal agi.

J'ai blasphêmé contre Dieu.

J'ai maudit Dieu.

J'ai parlé injurieusement contre lui.

J'ai eu Dieu en haine.

J'ai renié Dieu.

Je me suis donné au Diable, en mépris de Dieu.

Je me suis proposé de vivre sous les auspices du Démon.

J'ai engagé d'autres personnes à vivre de la même sorte.

J'ai persécuté les serviteurs de Dieu ; sçavoir,

Je les ai opprimés, tourmentés, ou tués.

J'ai détourné les autres de faire le bien.

Je les ai détourné du culte divin, de l'état Religieux, de faire pénitence.

Je ne me suis pas soucié d'obtenir la grace de Dieu.

J'ai eu plus de soin de plaire aux hommes qu'à Dieu.

Je ne me suis point soucié si Dieu seroit offensé, lorsque j'ai fait la volonté de quelque homme.

J'ai omis de faire du bien par respect humain.

J'ai fait du bien, plutôt pour en tirer vanité, que pour l'amour de Dieu.

Je me suis trop attaché à quelque chose : comme à un homme, à un cheval, &c.

J'en ai été uniquement occupé nuit & jour.

J'ai préféré ces sortes d'objets à mon salut.

J'ai été paresseux, lâche & froid au Service Divin.

J'ai été ingrat envers Dieu pour ses bienfaits. *Il faut spécifier de quelle sorte.*

Je me suis rarement recueilli en particulier.

J'ai pensé rarement à Dieu & à sa Passion.

J'ai manqué à prier Dieu le soir & le matin, *ou* devant & après le repas.

Je m'en suis acquitté avec beaucoup d'indifférence.

J'ai été distrait volontairement dans mes prieres.

pour se confesser.

Je me suis présenté à la priere sans préparation.

J'ai ri, & me suis fort dissipé en priant Dieu.

J'ai repoussé les inspirations divines.

J'ai eu du dégoût des choses saintes.

Je ne me suis plû, & ne me suis occupé que de choses vaines, comme modes, fastes, &c.

Je ne me suis occupé qu'à tout ce qu'on appelle le monde.

Je n'ai employé mon temps qu'en inutilités, en bagatelles, &c.

Je ne me suis nullement mis en peine de mon salut.

Je ne me suis point occupé de la vie future.

Je ne me suis jamais proposé les Commandemens de Dieu, comme la loi & le modéle de ma vie.

J'ai vêcu en Impie, en Athée, sans loi.

J'ai vêcu plutôt comme une bête, que comme un homme.

J'ai désiré de pouvoir ne posseder que la terre, sans m'embarrasser de gagner le Ciel.

J'ai estimé heureux l'état des bêtes, & j'ai souhaité de leur être semblable, afin de n'être pas puni de Dieu.

J'ai eu en horreur les Loix divines, parcequ'elles s'opposent aux crimes.

J'ai attribué à mes propres forces les dons de Dieu.

J'ai employé contre Dieu même les graces dont il m'a favorisé.

pour se confesser.

J'ai recherché ma propre gloire.

J'ai fait tous mes efforts, afin que tout pût augmenter la gloire que je recherchois uniquement.

J'ai vêcu dans un orgueil insupportable.

Je me suis enorgueilli à cause de mes qualités, de ma bonne mine, de mon esprit, de mes richesses, & choses semblables.

J'ai brigué les Charges par orgueil.

J'ai recherché des Places ou des Charges à mauvaise intention.

J'ai obtenu, même par force, des honneurs qui étoient au dessus de ma condition.

Pour les obtenir, j'ai employé toutes sortes de moyens, même les plus illicites.

J'ai porté un état au dessus de ma condition, dans mes repas, mes habits, *ou* mon domestique.

J'ai recherché & inventé de nouveaux sujets de vanité.

J'ai méprisé & cru les autres moins que moi.

J'ai reproché aux autres leur bassesse avec un souverain mépris.

Je ne les ai cru dignes que je leur parlasse.

J'ai été hypocrite.

Je n'ai voulu céder, ni soumettre mon opinion à personne.

J'ai cru sçavoir & entendre tout mieux que les autres.

Je n'ai pû souffrir de correction.

Je n'ai point voulu avoüer les fautes que j'avois faites.

pour se confesser.

J'ai toujours soutenu que ce que j'avois fait de mal étoit bien.

J'ai rejetté les bons avis, je les ai combattus & méprisés.

J'ai taxé les Prédicateurs de mensonge & de rêverie.

J'ai cherché de la louange de mes péchés, même des mortels.

Je me suis vanté de mes péchés.

Je me suis vanté des péchés même que je n'avois pas commis, pour ne point céder à d'autres en méchanceté.

J'ai ressenti de la joie d'avoir péché mortellement.

J'ai été fâché de n'avoir pas commis de plus grands péchés, & en plus grand nombre.

Je n'ai pas évité les occasions qui portent au péché.

SUR LE SECOND Commandement.

Dieu en vain tu ne jureras,
Ni autre chose pareillement.

J'Ai pris le nom de Dieu en vain.

J'ai parlé des choses saintes, & sans aucun respect, pendant mes débauches.

J'ai blasphêmé le nom de Dieu en colere, *ou* de sens froid.

J'ai juré par les Sacremens, & choses semblables.

Je me suis habitué à jurer de cette sorte.

J'ai continuellement dans la bouche le nom du Diable.

J'ai invoqué le démon de sens rassis.

J'ai juré sans nécessité & respect.

J'ai juré de faire du mal.

J'ai juré de ne faire aucun bien.

J'ai juré une chose douteuse.

J'ai assuré avec jurement une chose fausse, sçachant bien qu'elle l'étoit.

Je me suis accoutumé à jurer.

Je ne me suis pas soucié si c'étoit chose vraie ou fausse.

J'ai fait le mal que l'on avoit juré de faire.

Je n'ai pas fait ce qu'il étoit permis de faire, bien qu'on l'eût juré.

Je suis contrevenu au serment de mon emploi.

J'ai fait ce serment avec dessein de ne le pas observer.

Je n'ai pas exécuté les promesses que j'avois faites, bien qu'honnêtes, & en chose d'importance.

J'ai promis quelque chose avec dessein de ne le pas faire.

J'ai fait des vœux téméraires & inconsidérément.

J'ai differé d'accomplir les vœux que j'avois faits.

Je ne m'en suis pas acquitté : je les ai violé; sçavoir, &c.

J'ai fait des vœux mal entendus, comme de jeûner le jour de Pâques.

J'ai apostasié la foi.

J'ai abandonné l'état Religieux.

J'ai été cause que d'autres l'ont aussi abandonné.

Je n'ai pas porté l'honneur dû aux choses saintes.

J'ai employé à des usages profanes ce qui étoit saint & sacré.

J'ai employé les choses saintes à des usages honteux; *ou* je les ai tournées en railleries.

Je m'en suis servi pour les arts magiques & superstitieux.

Je les ai méprisées.

J'ai deshonoré les Images sacrées.

J'ai gâté & rompu des Images par impiété.

J'ai manié les choses saintes avec mépris & dérision.

J'en ai parlé mal, & même avec injures & blasphêmes.

J'ai indignement traité les saintes Hosties.

J'ai vendu des Hosties consacrées, aux ennemis du nom Chrétien.

Je ne les ai pas retirées de leurs mains, quoique je le pouvois faire.

J'ai profané les lieux sacrés.

J'ai pillé des Eglises.

J'ai répandu le sang humain dans des Eglises.

J'ai commis dans des Eglises des actions deshonnêtes, même pendant le Service Divin.

J'ai été à l'Eglise à mauvaise intention; sçavoir, &c.

J'ai donné des rendez-vous criminels dans les Eglises.

J'y ai tenu des discours mauvais & criminels.

J'y ai offensé Dieu par mes regards licencieux.

J'y ai commis des libertés criminelles.

pour se confesser. 61

Je me suis comporté dans l'Eglise comme dans un lieu de promenade, & même pendant le Service Divin & la sainte Messe.

J'ai excité du trouble dans l'Eglise.

J'ai interrompu la célébration de l'Office Divin.

J'ai inquiété les Prêtres.

J'ai empêché la dévotion des autres.

J'ai chanté l'Office de l'Eglise avec scandale.

Je n'ai pas pris soin des choses nécessaires au Culte Divin.

J'ai été cause que quelqu'un n'a pas récité son Office, ou s'en est acquitté trop négligemment.

J'ai appliqué aux choses profanes les mots & signes sacrés.

J'ai tourné en termes de risée & d'impiété ces mêmes choses.

Je m'en suis servi aux arts magiques & superstitieux.

Je me suis servi de la Sainte Ecriture, ou de quelque action de Dieu & des Saints, pour justifier mes crimes.

Je me suis servi du même moyen pour encourager quelqu'un à pécher.

J'ai expliqué la Sainte Ecriture d'une maniere opposée à l'intention de l'Eglise.

J'ai corrompu la Sainte Ecriture.

J'ai fait des railleries contre Dieu & les Saints, & contre les Ministres de Jesus-Christ.

J'ai traité les Ministres de Jesus-Christ d'une maniere injurieuse & outrageuse par mes discours.

J'ai vomi des blasphêmes.

J'ai fait des contes fabuleux de Dieu & des Saints.

J'ai tenu des discours qui tendoient au mépris des Ordres Religieux, & des sacrés Ministres de Jesus-Christ.

Je n'ai pas repris ceux qui faisoient le semblable.

Au contraire, j'ai excité d'autres personnes à en faire autant.

Je les ai écoutés avec plaisir.

J'ai méprisé les Sacremens.

J'ai négligé de recevoir la Confirmation & l'Extrême-Onction.

Je n'ai pas pris soin de les faire administrer aux autres.

J'ai été cause que quelqu'un soit mort sans recevoir ses Sacremens.

Comme sans Confession, Communion, & Extrême-Onction.

J'ai reçu quelque Sacrement en péché mortel.

Comme, par exenle, la sainte Eucharistie.

La Confirmation, les Ordres, le Mariage.

J'ai reçu l'Eucharistie sans dévotion, sans préparation, n'étant pas à jeun.

J'ai communié à mauvaise intention; sçavoir, &c.

Je me suis confessé sans la préparation requise, sans un suffi-

sant

pour se confesser. 65

sant examen, sans une vraie repentance, sans un ferme propos de ne plus pécher mortellement, ou même par respect humain.

J'ai omis par honte un péché mortel pendant quelques années, ou quelques mois.

J'ai exprimé un péché mortel d'une façon trop peu intelligible.

J'ai recherché un Confesseur que je croyois moins sçavant, ou plus doux.

J'ai choisi un Confesseur qui ignorât l'état de ma conscience.

J'ai menti en Confession touchant un péché mortel.

Je n'ai pas accompli la pénitence enjointe.

Je n'ai pas voulu l'accomplir, *ou* je l'ai différée.

J'ai commis plus volontiers des péchés, en supposant qu'il ne coûteroit pas davantage à m'en confesser.

Je n'ai pas employé les moyens qui m'étoient prescrits pour ne pas retomber.

SUR LE TROISIE'ME Commandement.

Les Dimanches tu garderas,
En servant Dieu dévotement.

J'Ai fait des œuvres serviles les jours de Fêtes & de Dimanches.

Je l'ai permis, *ou* commandé.

Je n'ai employé les Dimanches & les Fêtes qu'à jouer & à boire.

J'ai passé ces saints jours sans faire aucune action de religion.

J'ai négligé d'entendre la Messe les jours de Dimanches & de Fêtes.

J'ai négligé d'aller au Sermon & au reste de l'Office.

J'ai méprisé d'assister au Sermon & aux Catéchismes.

Je n'ai pas eu le soin de faire entendre la Messe à mes enfans ou à mes domestiques.

Je n'ai pas eu soin qu'ils allassent au Catéchisme.

Je n'ai pas communié à Pâques.

Je ne me suis pas confessé une fois par an.

J'ai été plusieurs années sans aller à confesse.

Je n'ai pas observé les jeûnes de l'Eglise.

J'ai mangé de la chair aux jours défendus.

Je me suis marié sans permission au temps où l'Eglise le défendoit.

Je me suis marié clandestinement, ou sans les proclamations ordinaires.

SUR LE QUATRIE'ME Commandement.

Tes pere & mere honoreras,
Afin que tu vives longuement.

JE n'ai pas rendu l'honneur dû à mes parens, à mes supérieurs, ou maîtres.

Aux Magistrats, Civil & Ecclésiastique.

A mes Précepteurs.

pour se confesser.

J'ai désobéi à *tel* de mes supérieurs.

Je leur ai été ingrat.

J'ai murmuré contr'eux.

Je les ai eu en haine.

Je les ai regardés de mauvais œil.

J'ai parlé très-mal de mes supérieurs, parens, &c.

Je les ai calomnié *ou* méprisés.

Je leur ai souhaité du mal.

Je leur ai répondu arrogamment.

Je me suis mocqué d'eux.

Je leur ai donné des sobriquets.

Je les ai repris, ou mal jugé d'eux.

Je les ai griévement attristés, ou offensés

Les peines que je leur ai faites les a rendus malades, *ou* leur a causé la mort.

J'ai frappé parens *ou* supérieurs.

J'ai recherché les moyens de le faire.

Je leur ai obéi en choses illicites, & contre la conscience.

J'ai séduit des enfans de famille.

Je les ai fait soulever contre leurs parens.

Je n'ai point voulu me soumettre à mes supérieurs.

Je me suis mocqué de leurs sentences, ou avis.

Je n'ai voulu obéir aux Edits du Prince, bien que justes, & j'en ai empêché la promulgation.

J'ai par-là excité du trouble, & fomenté la rebellion.

pour se confesser.

J'ai péché dans le choix d'un Magistrat.

J'ai brigué une mauvaise élection de Magistrat.

J'ai projetté de faire choses indignes à un Magistrat.

J'ai prêté du secours aux rebelles ou bannis.

Je les ai aidés de conseil, armes, & argent.

J'ai résisté aux supérieurs en la punition d'un criminel.

J'ai arraché par force un criminel des mains de la Justice.

J'ai maltraité mes parens.

J'ai eu honte de l'état de mes parens.

Je les ai abandonnés dans leur nécessité.

J'ai souhaité la mort de mes parens pour posseder leur bien.

J'ai été ingrat envers mes parens & mes bienfaicteurs, n'ayant pas fait prier Dieu pour eux quand ils sont morts.

J'ai rendu le mal pour le bien.

Je me suis mocqué des vieillards, pauvres, & gens affligés; je les ai insulté.

J'en ai excité d'autres à faire de même.

J'ai mal gouverné mes enfans & ma famille.

J'ai gardé des serviteurs de mauvaise réputation.

J'en ai gardé qui n'étoient pas bons Catholiques.

J'ai élevé mes enfans avec trop de délicatesse.

pour se confesser.

J'ai souffert tous leurs défauts, & je ne les ai pas corrigés.

Je les ai châtiés avec trop de rigueur.

Je n'ai pas pris le soin du salut de mes enfans & de ma famille.

J'ai donné à mes enfans un hérétique pour parrain.

J'ai permis qu'ils fussent élevés dans l'hérésie.

Je leur ai donné un maître de méchante vie.

Je les ai envoyés en des lieux hérétiques sans sujet.

J'ai scandalisé mes enfans & ma famille.

J'ai montré à mes inférieurs le chemin à toutes sortes de dissolutions & de méchancetés.

J'ai prostitué l'honneur de mes filles.

Sans sujet j'ai deshérité mes enfans.

Je les ai contraints par injustice de renoncer au patrimoine.

Je les ai maudits de gaycté de cœur.

J'ai voué de sens rassis mes enfans au Démon.

Par jeu & débauche j'ai réduit les miens à la mandicité.

J'ai maltraité & haï sans sujet les enfans de ma femme.

J'ai été fort à charge à ma famille par colere & crieries.

Je me suis habitué à être de mauvaise humeur dans mon ménage.

Je n'ai pas vêcu en paix avec ma femme.

J'ai été en continuelle dissention avec elle.

Je suis entré en jalousie sans sujet.

J'ai frappé avec excès mon épouse.

Je l'ai chassée, *ou* abandonnée.

Je lui ai refusé le devoir avec danger.

Contre ma conscience je lui ai déféré en choses défendues.

Je lui ai acquiescé avec un notable danger de sa santé.

Je n'ai pas rendu l'honneur dû aux parens de ma femme.

J'ai excité contre ma femme des personnes de la famille.

J'ai diffamé de parole ma femme.

Je n'ai pas eu soin des ames commises à ma charge.

J'ai porté scandale à ma famille par ma vie & par mon exemple.

J'ai été cause de leur perdition.

Je ne les ai pas secourus au besoin.

Je ne les ai pas visités quand ils ont été malades.

Je me suis rendu fâcheux envers ma famille en toutes choses.

Je n'ai pas assez repris les vices des personnes commises à ma charge.

Je ne les ai pas instruits suffisamment.

J'ai donné un mauvais conseil à quelqu'un sur la direction de sa conscience.

Par ignorance j'ai fait un péché de ce qui ne l'étoit pas.

J'ai

pour se confesser.

J'ai négligé d'apprendre les choses nécessaires à ma profession.

Je n'ai point travaillé à faire avancer dans la piété ceux dont j'étois chargé.

J'ai agi avec trop d'aigreur & de sévérité envers eux.

Je ne les ai pas instruits, soit par moi-même, ou par d'autres.

J'ai maltraité mes sujets, *ou* mes domestiques.

J'ai agi tyranniquement avec eux.

Sans sujet j'ai passé pardessus leurs droits & priviléges.

Je ne les ai pas protégés en choses justes, le pouvant faire.

Je les ai surchargés des payemens illicites.

Je leur ai imposé des charges au-delà de leurs forces.

Je les ai punis au-delà des régles.

J'ai cherché les occasions de les maltraiter.

J'ai été cause qu'ils ont été molestés.

Je n'ai pas puni les malfaiteurs.

Je n'ai pas rendu, ou fait rendre la Justice.

Je n'ai pas établi de bonnes loix pour maintenir ceux qui me sont soumis dans leur devoir.

J'ai négligé, en établissant des loix, d'y conserver l'honneur de Dieu.

J'en ai établi de contraires à la Religion Chrétienne.

Sans cause légitime j'ai toléré & admis des hérétiques, & leur ai permis le libre exercice de leur Religion.

J'ai rejetté les plaintes & les requêtes de ceux qui me sont soumis.

J'ai différé, au dommage des parties, de les expédier.

J'ai condamné un innocent.

Au détriment des autres, j'ai soutenu & absous un coupable.

J'ai fomenté un procès injuste.

J'ai fait entreprendre des procès que je sçavois qu'on ne pouvoit gagner, dissimulant aux parties ce qu'on en pensoit.

Par ce motif j'ai causé du dommage & du retardement aux affaires des autres.

J'ai retardé des affaires pour mon propre intérêt.

En punissant quelqu'un, j'ai cherché plutôt à me venger, qu'à satisfaire à la Justice.

Je me suis laissé corrompre.

J'ai exigé pour mon salaire plus qu'il ne falloit, même des pauvres.

J'ai sur-tout cherché à détruire les choses pieuses.

J'ai jugé sans considérer la Justice, ni l'état & l'importance d'un procès.

J'ai inventé de nouvelles ruses pour pervertir la Justice, & établir l'injustice.

J'ai donné de pernicieux conseils aux parties.

J'en ai donné aux Princes & Seigneurs, ensorte qu'il s'en est ensuivi quelque malheur, sçavoir, &c.

SUR LE CINQUIE'ME Commandement.

Homicide point ne seras,
De fait ni volontairement.

J'Ai mal jugé de mon prochain en chose d'importance.

J'en ai jugé témérairement.

J'ai interprété avec un plaisir malin toutes ses actions en mauvaise part.

J'ai trouvé à redire à toutes les actions des autres.

J'ai été fâcheux & impatient.

Je n'ai rien voulu souffrir.

Je me suis trop facilement mis en colere.

Dans ma colere j'ai tenu des discours insultans.

J'ai dit tout ce qui me venoit à la bouche.

J'ai querellé.

J'ai injurié les autres.

Par imprécation j'ai souhaité du mal aux autres.

Je leur ai souhaité la mort, & même la damnation éternelle.

J'ai maudit les animaux sans raison, dans ma colere.

J'ai été presque au désespoir de ne me pouvoir venger.

J'ai tourné ma colère contre des innocens.

Je les ai battus & blessés.

J'ai tourné ma rage contre moi-même.

Par colère ou par tristesse j'ai eu envie de faire tort à ma vie.

pour se confesser. 83

J'ai nourri des pensées de vengeance.

J'ai inventé les moyens de me venger.

J'ai entretenu une haine long-temps.

Je n'ai pas voulu pardonner à ceux qui recherchoient le pardon.

Je n'ai point voulu me reconcilier avec eux; mais au contraire je les ai portés à me haïr à leur tour.

J'ai donné des sobriquets honteux à d'autres.

J'ai raillé, frappé, *ou* blessé & estropié quelques personnes, même des gens d'Eglise, un supérieur, un frere, &c.

J'ai cherché à le faire.

J'ai porté les autres à se battre.

J'ai fait des indignités à d'autres par mépris.

J'ai provoqué un duel.

Je me suis battu en duel.

J'ai été spectateur d'un duel.

J'ai permis un duel.

J'y ai aidé en quelque façon, soit en fournissant des armes, ou autrement.

J'ai animé les combattans.

J'ai raillé avec mépris celui qui n'avoit pas comparu à une semblable assignation.

J'ai haï ceux qui détournoient & vouloient empêcher le mal.

J'ai cherché quelqu'un pour le tuer.

Je l'ai voulu faire faire par d'autres.

J'ai long-temps gardé cette pensée.

J'ai commis un homicide, même en la personne de pere, mere, &c.

J'ai fait faire ce crime par d'autres, ouvertement, en cachette, par force, poison, ou autrement.

J'ai aidé par ma faveur, *ou* mon conseil, un homicide.

J'ai sérieusement souhaité la mort à d'autres.

Je me suis réjoui de la mort de quelqu'un.

J'ai parlé mal de quelques personnes; de gens de grande estime; de Religieux de bonne vie; de tout un Ordre, ou Communauté; d'une famille entiere, &c.

Ce que j'en ai dit étoit vrai, *ou* étoit faux.

J'ai écouté volontiers le mal qu'on m'a rapporté des autres.

J'ai mis en lumiere des libelles diffamatoires; j'en ai imprimé.

J'ai composé & distribué des pasquins, & autres choses semblables.

Je n'ai jamais procuré de bien à mon prochain : au contraire je lui ai fait tout le mal que j'ai pû.

Je me suis réjoui, quand il lui est arrivé du mal.

Je me suis attristé du bien de mon prochain.

J'ai été affligé de voir des personnes vertueuses, & qui pratiquoient la sainteté, la charité & la concorde.

J'ai appris avec regret les louanges des autres.

J'ai tâché d'imiter les méchans en leurs péchés, entendant parler de leur bon succès.

Je me suis plaint de ce que Dieu donnoit en cette vie du bien aux méchans; & au contraire des adversités aux bons.

J'ai voulu semer de la zizanie & discorde, même entre mari & femme, freres, &c.

J'ai causé des aversions & des querelles.

J'ai fait rompre l'amitié, même entre mari & femme, freres, &c.

J'ai causé des procès, injures, meurtres, &c.

J'ai troublé le repos public.

J'ai causé la guerre.

Je l'ai entretenue, & j'ai empêché qu'elle ne finît.

J'ai opprimé les pauvres veuves, &c.

J'ai rejetté les procès des pauvres, & les ai trop différés.

J'ai maltraité les pélerins, même ceux qui étoient aux saints lieux.

J'ai trompé les voyageurs.

J'ai rendu les chemins peu sûrs.

J'ai exercé des vols.

J'ai dépouillé les voyageurs.

J'en ai exigé des contributions.

J'ai engagé des personnes à devenir voleurs.

J'ai assisté ou retiré des larrons, voleurs ou brigands.

J'ai recelé leurs larcins.

J'ai été impitoyable envers les captifs affligés, envers le prochain, les pauvres, & les veuves.

Je n'ai cherché que mes commodités, sans m'inquiéter de ce que souffrent les autres.

Je n'ai point exercé la charité envers les pauvres.

Je n'ai pas fait l'aumône suivant ma condition & mon pouvoir.

J'ai fait l'aumône par respect humain, ou par vanité, & sans compassion pour les indigens.

J'ai souvent porté mon prochain au péché.

J'ai semé une doctrine pernicieuse.

Je n'ai pas empêché les autres d'offenser Dieu, quand je l'ai pû.

Je les ai porté au péché, en les blâmant, ou en les louant.

Je n'ai pas eu soin de faire apprendre à mes filleuls orphelins les choses nécessaires au salut.

J'ai été adonné à la gourmandise.

Je n'ai recherché que les délices.

J'ai tâché d'en inventer tous les jours de nouveaux sujets.

J'ai promis des récompenses à ceux qui en inventeroient.

Je me suis trop rempli de viandes.

J'ai incommodé ma santé par mon intempérance.

pour se confesser.

Je me suis souvent livré au vin.

Je me suis enyvré.

J'ai fait la débauche continuellement, nuit & jour.

J'ai fait, en débauche, de la nuit le jour, & du jour la nuit.

J'ai porté les autres à boire avec excès, & même par force.

Je les ai raillé, quand ils étoient yvres.

Ayant pris le soin d'un patient, je ne l'ai pas averti des choses nécessaires à son salut.

Je l'ai entretenu de fausses espérances.

Connoissant le dangereux état d'un malade, je n'ai pas averti sa famille, le Curé, &c.

J'ai fait prendre inconsidérément des médicamens à un malade.

Par ce moyen j'ai incommodé sa santé, & abrégé ses jours.

Par l'espérance du gain, j'ai différé sa guérison, ce qui a fait augmenter son mal.

J'ai prescrit des médecines défendues.

J'ai conseillé au malade quelque chose de contraire à son salut.

Je n'ai pas voulu visiter les pauvres, parce que je n'avois rien à en espérer.

Par avarice j'ai entrepris plus de malades à traiter que je n'en pouvois visiter, d'où il s'est ensuivi des inconvéniens, &c.

J'ai ordonné des choses superflues pour faire gagner les apotiquaires.

J'ai manqué, par intérêt, à l'ordonnance du médecin dans la composition des médecines.

J'ai substitué une chose à une autre, & j'y ai mêlé des choses gâtées pour de bonnes.

J'ai vendu inconsidérément du venin, & autres choses défendues.

J'ai excité les médecins à taxer les médicamens plus que de raison.

SUR LE SIXIE'ME ET NEUVIE'ME Commandement.

*Luxurieux point ne seras,
De corps ni de consentement.*

❦

*L'œuvre de chair ne desireras,
Qu'en mariage seulement.*

IL y en a qui par honte & malice célent & cachent durant plusieurs années ce qu'ils ont commis contre ces préceptes, qui ont grand rapport l'un à l'autre, & qui comprennent presque la même chose : & ainsi ayant leurs consciences chargées de péchés mortels, ils reçoivent indignement la sainte Eucharistie : d'où il s'en suit ordinairement un désespoir à la fin de la vie, & la damnation éternelle. O misérables & infortunés ! qu'il est bien plus souhaitable d'être maintenant honteux devant un seul Prêtre, qui tient encore la place, & est Vicaire de Jesus-Christ, que d'être condamnés au dernier jour du Jugement, & confondus à la face de tout le monde. C'est pourquoi soyez plus prudent, & examinez-vous attentivement sur les points suivans, & marquez, comme vous avez commencé, ceux ausquels vous trouverez avoir manqué; & enfin manifestez-les au Prêtre, sincérement, confidemment & clairement, & expliquez tout, le mieux qu'il vous sera possible, avec modestie & douleur.

J'ai eu des pensées & des desirs lascifs; j'y ai pris plaisir; je les ai recherchés.

J'ai eu de ces mêmes pensées, ou de ces desirs pour quelques personnes; sçavoir, &c.

J'ai travaillé à les faire tomber dans le mal que je projettois.

J'ai été prêt à commettre toutes sortes de crimes.

J'ai donné mon consentement aux illusions nocturnes.

J'en ai eu l'imagination remplie, avec un nouveau plaisir pendant le jour suivant.

J'ai employé l'art magique, des breuvages, & choses semblables, pour engager quelque personne en amour.

J'ai fait des présens à mauvaise fin.

J'ai chanté des chansons lascives.

J'ai dit des contes, & tenu des entretiens lascifs.

J'ai fait des billets & écrits lascifs.

J'ai eu, lû, & donné des livres lascifs.

J'ai conservé chez moi des nudités deshonnêtes.

J'ai donné, ou reçu des baisers lascifs, & autres semblables badineries.

J'ai jetté des regards deshonnêtes.

J'ai eu des pollutions volontaires, &c.

J'ai péché avec une personne.

Il faut ici exprimer de quel sexe & condition.

Si elle est mariée, ou non.

Si elle est parente.

Si elle est consacrée à Dieu, & autres circonstances pareilles.

Je l'ai violée.

Je l'ai enlevée de la maison de son pere.

J'ai chez moi une adultere, une concubine, &c.

J'ai commis des péchés secrets: ce qu'il faut expliquer.

J'en ai commis avec d'autres.

J'ai enseigné le mal à ceux qui l'ignoroient.

J'ai porté d'autres personnes à ces mêmes maux.

Je leur en ai donné l'occasion, soit en les produisant, ou autrement.

J'ai scandalisé mes enfans.

J'ai manqué en quelque chose dans l'état du mariage.

J'ai empêché la génération, *ou* j'ai cherché les moyens de l'empêcher.

pour se confesser. 99

J'ai procuré des avortemens, ou j'ai recherché à en procurer.

J'ai projetté quelqu'autre chose d'énorme.

Je me suis entierement abandonné aux saletés.

J'ai été fâché de n'en pouvoir inventer, & commettre davantage.

J'ai une passion extrême pour les habits somptueux, pour la parure & pour la vanité.

Je ne plains aucune dépense pour prendre toutes les modes les plus nouvelles.

Je ne travaille qu'à me faire des parures inutiles, & même scandaleuses.

Je m'habille ordinairement d'une façon indécente, & propre à allumer la passion de ceux qui me voyent.

Je n'ai aucune honte des manieres indécentes de me mettre : au contraire je m'en fais honneur.

Je me sers de fard, de mouches, &c. pour mieux attirer sur moi les yeux des autres.

Je n'ai d'autres entretiens que sur les parures, les modes, &c.

J'ai une violente passion pour les spectacles.

J'assiste souvent à la comédie, à l'opéra, aux danseurs de corde & farceurs, & je goûte volontiers les discours mauvais, libres & dangereux qui s'y débitent, & j'y prens plaisir.

J'aime fort les danses & les assemblées de bal; je les fréquente le plus que je peux, quoique j'éprouve souvent les dangers où l'innocence s'y trouve.

Je

Je ne plains ni argent, ni veilles, ni fatigues, pour me satisfaire en cela.

Regardez encore si vous avez quelque chose sur votre conscience, qui regarde cette matiere; comme par exemple:

Si dans vos confessions vous n'avez point omis par honte, & à dessein quelque chose jusqu'à présent.

Si vous avez contracté mariage hors les formes ordinaires.

Si vous n'avez point surpris & abusé quelque fille sous la promesse de l'épouser.

Si vous n'avez point refusé de réfréner vos sens & mortifier votre chair.

Autres pechés plus communs entre gens mariés. Voyez ci-après, page 113.

SUR LE HUITIE'ME Commandement.

Faux témoignage ne diras,
Ne mentiras aucunement.

J'Ai menti en choses d'importance.

J'ai dit des menteries pernicieuses & préjudiciables.

J'ai souvent menti, quoiqu'en chose légére.

J'ai faussement accusé quelqu'un.

Il lui est arrivé quelque dommage par mes fausses accusations; sçavoir, &c.

J'ai rendu faux témoignage en Jugemens.

Mes faux témoignages ont été nuisibles en ce que, &c.

pour se confesser. 103

J'ai flatté quelqu'un dans son péché.

J'ai obtenu des Charges par flatterie.

J'ai obtenu quelque chose sur de faux prétextes; sçavoir, &c.

J'ai combattu la vérité connue.

Je n'ai pas déclaré les défauts d'autrui, en temps & lieu, y étant obligé, pour leur en procurer la correction.

J'ai sondé curieusement les secrets des autres, & je les ai révélé, d'où se sont ensuivis quelques dommages; sçavoir, &c.

J'ai lû la Confession d'autrui.

J'ai ouvert les lettres d'autrui, même de mes Supérieurs.

Je me suis servi de fausses lettres & de faux cachets.

J'ai aidé & enseigné quelqu'un pour faire de semblables faussetés.

SUR LE SEPTIE'ME ET LE DIXIE'ME Commandement.

Le bien d'autrui tu ne prendras,
Ni retiendras à ton escient.

Les biens d'autrui ne convoiteras,
Pour les avoir injustement.

J'Ai pris quelque chose en cachette.

J'ai pris quelque chose de force.

Il est à remarquer dans ces points-ci, & dans les suivans, qu'il faut exprimer combien & comment.

J'ai commis un sacrilége en prenant quelque chose de sacré.

J'ai aliéné les biens de l'Eglise.

pour se confesser.

J'ai enlevé le bien d'autrui.

J'ai violé les droits des autres, même ceux de l'Eglise.

J'ai tâché, par quelque moyen, de nuire à la liberté Ecclésiastique.

J'ai exercé la pyraterie.

J'ai intenté procès à un innocent, à dessein de lui préjudicier.

J'ai eu dessein de le lasser & consumer en frais.

J'ai voulu corrompre les Juges par argent.

J'ai causé du dommage aux autres, d'effet, de paroles, ou par négligence.

Seul, ou avec des compagnons.

Le commandant, ou conseillant à d'autres.

Ne l'empêchant pas, quoique je l'aye pû.

J'ai dépouillé les jardins & héritages des autres.

J'ai apporté de l'empêchement à leur profit & à leur commodité.

J'ai mal exécuté un testament.

Je me suis laissé aller au mal pour de l'argent.

J'ai négligé de faire ce dont j'ai été payé.

J'ai trompé au jeu.

J'ai apporté de la tromperie dans un Contrat.

Je me suis servi de fausse monnoye, faux poids, faux aulnage, & fausse mesure.

pour se confesser.

J'ai débité des marchandises défendues.

Par monopole j'ai plus vendu & moins acheté de beaucoup que les choses ne valent.

J'ai usurpé publiquement, ou tacitement le bien d'autrui.

J'ai contracté avec usure.

Je me suis entendu avec des usuriers pour mieux exercer l'usure.

J'ai inventé des maltôtes injustes.

J'ai possedé des choses injustement acquises, bien qu'acquises par d'autres.

Même des biens Ecclésiastiques.

J'ai participé à de mauvaises acquisitions.

J'ai acheté ce que je sçavois être dérobé.

J'ai cherché à m'enrichir par des moyens illicites.

Je n'ai pas rendu ce que j'avois trouvé, sçachant à qui il appartenoit.

J'ai été libéral du bien d'autrui.

J'ai injustement agi dans la distribution des charges & des récompenses.

Contre ma conscience j'ai élevé des gens indignes & incapables.

J'ai rejetté ceux qui en étoient dignes, d'où se sont ensuivis de grands maux ; sçavoir, &c.

J'ai servi mon maître avec infidélité, & je n'ai pas bien administré son bien.

J'ai mal gouverné le bien de mes mineurs, dont j'avois la tutelle à gouverner.

J'ai exigé mes dettes avec trop de rigueur.

Je n'ai pas voulu satisfaire à mes créanciers.

J'ai maltraité mes créanciers, lorsqu'ils m'ont demandé leur dû.

J'ai retenu, *ou* différé le salaire de mes Officiers & de mes serviteurs.

J'ai détourné les dîmes.

J'ai fraudé les tributs & impôts.

Je n'ai pas voulu vendre mes grains dans un temps de disette, pour en causer une plus grande.

J'ai procuré & conféré des Bénéfices à des gens incapables & indignes.

J'ai exercé la simonie en quelque maniere ; sçavoir, &c.

J'ai aidé à faire un contrat de simonie.

J'ai été dissolu.

J'ai trahi quelqu'un pour de l'argent.

J'ai été prêt de pécher pour de l'argent.

J'ai été dans la disposition d'acquérir des biens injustement, même des biens de l'Eglise.

J'ai souhaité le bien d'autrui injustement.

J'ai médité en moi-même les moyens de faire tort à quelqu'un.

pour se confesser. 111

J'ai eu le cœur attaché aux richesses & aux biens temporels.

J'ai consumé mon bien au jeu, aux yvrogneries & profusions.

J'ai fait la guerre injustement.

J'ai servi dans une guerre injuste.

J'en ai engagé d'autres à y servir.

J'ai été indifférent à servir, tantôt d'un côté, tantôt d'un autre.

Je me suis senti disposé à servir, même au démon, pourvû qu'il payât.

J'ai pillé & extorqué le bien des pauvres gens.

J'ai fait des concussions.

J'ai détruit & brûlé par malice.

J'ai affligé les misérables, veuves & orphelins.

J'ai retenu la montre des soldats.

Je n'ai pas réprimé les désordres de mes soldats.

J'ai enrollé de méchans soldats & passe-volans.

Ces mauvaises troupes ont fait des maux dont je me reconnois coupable, pour les avoir enrollés; sçavoir, &c.

J'ai tourmenté mes hôtes mal-à-propos.

J'ai tiré de l'argent d'un second hôte, après en avoir reçu du premier.

J'ai déserté l'armée.

AUTRES

AUTRES PECHE'S
PLUS COMMUNS
ENTRE GENS MARIE'S,
Qu'on a trouvé à propos de distinguer ici en particulier pour une plus grande facilité.

SUR LES SIXIE'ME
& neuviéme Commandemens ci-dessus; & sur le septiéme Commandement.

Tu ne commettras point d'adultere.

SI l'on a conçu jalousie contre sa partie, sans aucun fondement; ou sur un leger soupçon; & sur ce soupçon fait mauvais ménage, ou témoigné quelque mépris. Combien de temps ce mépris & ce soupçon ont duré.

Si l'on a révélé ce soupçon à quelqu'un, & si on l'a déclaré comme une chose assurée, pour se justifier de l'aversion qu'on avoit manifestée contre sa partie.

Si l'on a eu des amitiés étrangeres, avec lesquelles on a péché actuellement. *Il faut ici s'expliquer.* Si par une fréquentation trop familiere on a causé scandale à quelqu'un ; & combien de temps on a entretenu cette amitié.

Si à cause de cette amitié étrangere on a eu en aversion sa partie, & on lui a refusé le devoir, ou rendu avec peu de témoignage d'amour, préférant cette amitié étrangere & abominable, à la légitime.

Si pendant ce temps on a désiré la mort de sa partie, ou pensé à des moyens de l'avancer.

Si à l'occasion de son mépris vers sa partie, on n'a point été cause qu'elle soit tombée en quelques péchés griefs & énormes.

Si l'on a fait quelque dépense en habits ou en jeux, pour plaire à la personne qu'on aimoit follement; & si cela a incommodé sa famille.

Si malicieusement & pour déplaire à sa partie on lui a donné connoissance de sa mauvaise vie, ou même si on a voulu en faire croire plus qu'il n'y en avoit.

Si l'on a fréquenté des lieux scandaleux d'hommes ou de femmes; combien de jours, de mois & d'années on a mené cette vie scandaleuse, soit en violant l'union conjugale; soit en méprisant sa partie; soit en attirant sa haine; soit en donnant sujet de murmure ou soupçon aux voisins; soit en faisant tomber la jeunesse par son exemple, en des péchés actuels, ou de pensée; soit en consommant le temps inutilement en débauches & vains plaisirs, dont le pardon ne peut être espéré que par une réformation de mœurs, qui fasse perdre la mauvaise opinion que l'on avoit fait concevoir de soi ; s'éloignant des sujets & des objets ; s'en souvenant avec regret, cherchant la compagnie de sa partie autant & plus que l'on s'en étoit éloigné.

De plus, les gens mariés s'examineront s'ils ont pris soin les uns des autres, tant en santé qu'en maladie.

S'ils ont pris soin naturellement de leurs enfans & serviteurs, de les pourvoir de leurs nécessités, tant spirituelles que corporelles.

Si dans leurs maisons ou ailleurs ils ont souffert les débauches de leurs enfans, serviteurs, ou autres personnes, qu'ils auroient pû empêcher.

S'ils se sont dit quelques injures par mauvaise humeur; qui peuvent bien souvent être mortelles à l'égard des maris, & presque toujours à l'égard des femmes; d'autant que la femme doit le respect & l'obéissance au mari.

S'ils se sont accommodés avec amour & charité aux inclinations & infirmités les uns des autres: ou s'ils ont entretenu quelque haine; & combien de temps elle a duré.

Un des Peres de l'Eglise dit que le mari ou la femme qui ont aversion l'un pour l'autre, n'invoquent pas Dieu, mais le diable, en disant le Pater noster; Dieu ne pouvant être appellé notre Pere par celui qui viole le sacré lien du mariage par un attachement criminel; & quand on donneroit tout son bien aux pauvres, que l'on feroit des prieres par toutes les Eglises, que l'on donneroit son corps pour être martyrisé, on ne peut être agréable à Dieu sans cet amour, & toutes les prieres que l'on fait en cet état, sont comme des arbres plantés sans racine, qui n'apportent aucun fruit.

De plus, le mari & la femme s'examineront s'ils ont travaillé mutuellement pour leur bien commun; s'ils ne se sont point caché quelque chose l'un à l'autre, qui devoit être sçu des deux, soit en la maison, soit hors de la maison. Par exemple, pour avancer quelques-uns de leurs enfans au préjudice des autres, ou de leurs affaires, ou de leurs parens, n'ayant point d'enfans; ou à dessein de le cacher aux enfans ou aux parens, pour le retenir après le décès l'un de l'autre. En ce cas on est tenu à restitution, n'étant permis ni au mari ni à sa femme de cacher ni retenir aucune chose pour leur particulier, non plus qu'à des Religieux qui ont renoncé au monde, & fait vœu de pauvreté, sans le consentement de leurs Supérieurs.

Quoique dans l'Examen ci-dessus on ait compris presque tous les péchés que l'on peut commettre, ou du moins qu'on ait donné ouverture à se confesser de ceux que la pudeur ne permet pas d'expliquer davantage, on a jugé à propos d'inserer ci-après les Commandemens de l'Eglise, & de nommer en particulier les sept péchés mortels ; afin que ceux qui se servent de cette Méthode, connoissent que cet Examen est fort complet.

LES COMMANDEMENS DE L'EGLISE.

LEs Dimanches Messe oüiras,
 Et Fêtes de commandement.
Tous tes péchés confesseras,
 A tout le moins une fois l'an.
Ton Créateur tu recevras,
 Au moins à Pâques humblement.
Les Fêtes tu sanctifieras,
 Qui te sont de commandement.

120 *Avis sur les Commandemens*
Quatre-Temps, Vigiles jeûneras,
Et le Carême entierement.
Le Vendredi chair ne mangeras,
Ni le Samedi mêmement.

Les sept péchés mortels.
Orgueil, Avarice, Envie, Luxure, Gourmandise, Colere & Paresse.

AVIS
SUR LES COMMANDEMENS DE L'EGLISE.

LE Lecteur doit observer, qu'encore que dans l'Examen général l'on ait mis en leur rang les péchés qui regardent les Commandemens de l'Eglise, l'on a jugé à propos d'en donner ici quelque éclaircissement plus particulier: car il y a beaucoup de personnes qui n'en sont pas bien instruites & qui les demandent séparément. Quoiqu'il reste peu de chose à dire sur ce sujet, il est pourtant nécessaire de le sçavoir.

Je dis donc d'abord, qu'il faut obéir à l'Eglise; & cela est si vrai, que le Verbe incarné en a prononcé l'oracle: *Qui Ecclesiam non audierit, sit tibi sicut Ethnicus & Publicanus.* Tenez pour un Payen, pour un exécrable, pour un idolâtre, celui qui n'écoutera pas l'Eglise, c'est-à-dire, qui ne lui obéira pas. Mais comment lui obéir? Comme à Dieu même. Ecoutez saint Augustin: *Non habebit Deum patrem, qui Ecclesiam noluerit habere matrem.* Celui-là n'aura pas Dieu pour pere qui n'aura pas voulu avoir l'Eglise pour mere. Or cette sainte Epouse de Jesus-Christ imitant son Epoux, a donné des Commandemens aux Fidéles qui sont ses enfans, & les oblige étroitement à les observer; c'est-à-dire, sous peine de péché mortel, quand il n'y a pas d'excuse légitime; car elle est une bonne mere qui compâtit aux foiblesses & aux infirmités de ses enfans. Ces Commandemens ne sont que six en nombre.

Il faut remarquer sur le premier : *Les Dimanches Messe oüiras, & Fêtes de commandement*, qu'il a du rapport au Sabbath de l'ancienne Loi ; qui étoit observé si étroitement, que pour avoir seulement ramassé des buchettes de bois pour sa nécessité, un homme fut lapidé par le formel commandement de Dieu. Sur cet exemple, faites réflexion, & considérez que la Loi de grace étant plus excellente que celle de Moïse, de quel crime vous êtes coupables quand vous violez les Dimanches & les Fêtes ? Examinez-vous soigneusement sur les motifs & sur les circonstances de ce péché. Or quand je parle de cet Examen, souvenez-vous que j'en exclus les excuses raisonnables & légitimes.

Sur le second : *Tous tes péchés confesseras à tout le moins une fois l'an* ; j'appliquerois volontiers ce que dit S. Augustin, du commandement que Dieu fait à l'homme de l'aimer ; *Seigneur*, lui dit-il, *n'est-on pas assez malheureux quand on ne vous aime pas ? Faut-il que vous en fassiez un Commandement ?* S'il est vrai aussi que l'homme juste tombe sept fois le jour, comme dit l'Ecriture, combien un pécheur tombera-t-il de fois en un an ? Et ne se confesser qu'une fois en une année ? Pensez-y bien, mon cher Lecteur, & admirez la conduite & la bonté de l'Eglise. Mais n'oubliez pas de vous examiner sur cette négligence si honteuse, si lâche & si dangereuse. Vous n'êtes pas obligé à davantage, il est vrai, mais prenez bien garde à ce que vous pourrez alléguer pour vous en excuser.

Sur le troisième : *Ton Créateur recevras au moins à Pâques humblement* ; remarquez le refroidissement des Chrétiens. En la primitive Eglise l'on communioit tous les jours, comme le témoignent les Actes des Apôtres : *Erant perseve-*

Avis sur les Commandemens rantés unanimiter in fractione panis. Les Fidéles persévéroient unanimement en la fraction du pain, c'est-à-dire, en la perception de la sainte Eucharistie. Mais être un an sans s'en approcher, quelle est cette négligence ? Et néanmoins si vous en approchez dignement au bout de l'an, vous aurez fait ce que vous deviez. Mais prenez garde au sacrilége. Je ne peux m'empêcher de vous dire encore après un Pere : *Si panis quotidianus est, cur quotidie non sumitur ?* Si c'est le pain quotidien (que l'on demande en l'Oraison Dominicale) pourquoi ne le prend-on pas tous les jours ? Nous en parlerons plus particulierement ci-après dans l'Exercice de la Communion.

Sur le quatriéme : *Les Fêtes tu sanctifieras, qui te sont de commandement.* Il n'y a autre chose à dire sur ce Commandement, que ce qui a été dit pour le premier.

Sur le cinquiéme : *Quatre-Temps,*

Vigile jeûneras, & le Carême entierement. Combien y a-t'il de Chrétiens qui négligent ou méprisent ce Commandement? Combien y en a-t'il qui se persuadent sottement qu'il n'est pas d'obligation à l'égard de ceux qui n'en sont pas dispensés par l'indulgence de l'Eglise? L'on se flatte, & l'on se trompe. Il faut jeûner; l'Eglise le commande à tous ceux qui en sont capables. Et tant de délicats, tant d'indifférens en l'affaire de leur salut, s'en mocquent & font gloire de violer cette Ordonnance de l'Eglise établie pour de très-bonnes fins & pour des raisons très-considérables. En vérité, il y a bien de la zizanie dans ce champ de bénédiction. Oui, le jeûne est comme un champ semé de bon grain qui produit toutes les vertus; mais c'est aussi une pierre d'achopement où trébuchent la plûpart des Chrétiens; les uns par délicatesse, les autres par gourmandise, quelques-uns par ignorance, & plût à Dieu qu'elle ne fût pas volontaire; d'autres enfin par mépris & par indifférence, faisant de ce Commandement, comme s'il étoit seulement conseillé. Prenez-y garde, & faites une sérieuse réflexion sur l'observance ou le violement que vous en avez fait. La chose est de conséquence. Il y va sans doute du Paradis ou de l'Enfer; je ne vous en dirai pas davantage.

Sur le sixiéme : *Vendredi chair ne mangeras, ni le Samedi mêmement.* Prenez garde s'il vous est arrivé de les violer sans nécessité; car il faut être bien gourmand & bien peu Chrétien, pour ne pas obéir à l'Eglise en si peu de chose.

AVIS
sur les péchés mortels.

Il y a sept péchés mortels, qui sont l'Orgueil, l'Avarice, l'Envie, la Luxure, la Gourmandise, la Co-

Avis sur les péchés mortels. 127
lere & la Paresse. Ces péchés doivent faire une partie du sujet de l'Examen. L'on peut dire à la vérité qu'ils ont tous du rapport à quelque Commandement de Dieu; & qu'après s'être examiné sur ces Commandemens, l'on est aussi examiné sur les péchés mortels. Quand on sçaura néanmoins à quel Commandement chaque péché se rapporte, cela donnera quelque lumiere qui fera faire un Examen plus fidéle & mieux concerté.

Je dis donc que l'Orgueil, selon l'Ecriture, est le commencement de tout péché, en sorte qu'il s'en rencontre quelque vestige dans tous les autres. Néanmoins comme il est un péché d'esprit, & où le corps ni la chair n'ont point de part, ce sont les plus dangereux, & que d'ailleurs il semble ne s'attaquer qu'à Dieu, nous le rapporterons au premier & au second Commandement, où tout ce qui est contenu ne regarde que Dieu.

Quand donc vous vous examinerez sur ces deux Commandemens, fouillez dans votre conscience, & voyez s'il n'y a point quelque superbe cachée, dont jusques alors vous ne vous soyez pas apperçû.

L'Avarice se rapporte au Commandement qui défend le larcin, & le desir des biens d'autrui. Il faut pourtant remarquer sur ce péché, qu'on le commet aussi-bien contre soi-même, que contre le prochain. Car un Avare qui se refuse ses necessités, & qui n'aime le bien & l'argent que pour posseder des richesses, & non pas pour s'en servir, est, en quelque maniere, homicide de soi-même; & ainsi l'Avarice se peut en quelque façon rapporter au précepte qui défend de tuer. Cela est un peu délicat; mais il vous avertit, en vous examinant sur ces Commandemens, de voir si vous avez fait tort, non-seulement à autrui, mais aussi à vous-même.

L'Envie est entierement opposée à l'amour que l'on doit avoir pour le prochain ; & par conséquent elle se rapporte au Commandement qui ordonne de l'aimer comme soi-même. Voyez si au lieu de lui porter de l'affection, comme vous y êtes obligé, vous lui avez au contraire porté de l'envie. Vous le sentirez bientôt ; car ce péché est le supplice & le bourreau de celui qui le commet.

La Luxure & ses circonstances sont si bien expliquées dans le sixiéme & septiéme Commandement ausquels elle se rapporte, qu'il n'est pas besoin de vous en donner d'autre éclaircissement.

La Gourmandise est un péché de chair, ou plutôt de brutalité : elle a du rapport au cinquiéme Commandement, qui défend la destruction de la créature ; mais il est si déguisé, à cause que l'on attribue très-souvent à nécessité ce qui n'est qu'excès & superfluité criminelle, qu'il faut beaucoup de circonspection pour s'en bien examiner, c'est pourquoi vous y devez apporter une exactitude extraordinaire.

La Colere est, ce semble, le péché le plus contraire à la nature humaine : car l'homme étant né sociable, il ne se peut qu'il ne soit naturellement affable, benin & courtois : ce qui fait que quand il se laisse emporter à la passion de la colere, il semble qu'il ait changé de nature, & qu'il soit devenu un lion rugissant, ou un tigre affamé. C'est pourquoi on ne peut l'appliquer qu'au cinquiéme Commandement, qui sous le mot de tuer, enferme toutes les violences, les mauvais traitemens, & les injures que l'on peut faire au prochain, soit en paroles ou en actions. Or comme il y a si grand nombre de manieres de commettre ce péché, & qu'il est rigoureusement condamné par le Fils de Dieu dans l'Evangile, il est

Avis sur les péchés mortels. 131
bon de s'appliquer à s'examiner dessus avec un soin tout particulier.

La Paresse enfin qui n'est autre chose, disent les Théologiens, qu'une lenteur, un dégoût, ou une lâcheté quand il s'agit de servir Dieu, ou de faire quelque chose pour sa gloire, peut se rapporter sans doute au premier Commandement, qui oblige à l'aimer & à le servir. Mais comme ce péché est plutôt d'omission que de commission, voyez ce qui suit sur les péchés d'omission. On peut dire néanmoins qu'elle est aussi un péché de la chair, parce que comme la chair est de soi lourde & pesante, il n'y a rien aussi de si pesant que la paresse, qui est une espéce de pesanteur en soi-même.

AVIS
Sur les péchés d'omission.

LE Prophète Royal nous dit que si nous voulons parvenir à la vie éternelle, il faut non-seulement éviter le mal, c'est-à-dire, le péché, mais qu'il faut encore faire le bien. *Quis est homo qui vult vitam?* O homme, qui que tu sois, si tu désire la vie, mais une vie qui ne mourra jamais: *Declina à malo, & fac bonum*; évite le péché, & fais le bien; c'est-à-dire, des actions de vertu. Ce n'est donc pas assez de s'exempter de faire du mal, il faut encore bien faire, toutes les fois que nous le pouvons. Or vous êtes assez instruit de ce qui regarde le premier de ces deux points, c'est-à-dire, de la fuite du péché. Il reste à vous faire connoître que vous êtes obligé de pratiquer la vertu; & que si vous ne l'avez pas fait, vous avez péché. Par exemple,

Avis sur les péchés d'omission. 133
vous avez pû tous les jours aller à la Messe, & vous n'y avez pas été, par quelque motif que ce soit. Vous avez pû donner l'aumône au pauvre qui vous l'a demandée au nom de Dieu, & vous ne la lui avez pas donnée. Vous avez pû vous confesser & communier souvent, & vous ne l'avez pas fait. Enfin quelque vertu & quelque action de piété que vous avez été inspiré de pratiquer, & que vous n'avez pas pratiquée, ce sont autant de péchés d'omission. Prenez-y garde, cela est de conséquence, & vous devez vous en accuser. Si vous voyez une piéce d'or à vos pieds, & qu'il ne fallût que vous baisser pour la ramasser, n'en prendriez-vous pas la peine? Et vous pouvez faire une action de vertu, qui est plus à estimer que tout l'or du monde, & qui est capable de vous obtenir la vie éternelle, & vous ne la pratiquez pas? Quelle perte ne vous causez-vous pas à vous-même? Pensez-y

bien, si vous voulez profiter non-seulement de la fuite du péché, mais aussi de la pratique de la vertu : car l'une & l'autre sont absolument nécessaires.

Voilà, pécheur, en peu de mots ce que vous devez faire avant que d'approcher du Sacrement de Pénitence. Quand vous aurez exercé tout ce qui vous est ici prescrit, n'appréhendez point de vous jetter aux pieds de votre Confesseur, qui est un homme comme vous, mais qui tient la place de Dieu à votre égard. Aussi-tôt qu'il sera disposé à vous entendre, dites-lui du fond de votre cœur : *Benedic mihi, Pater, quia peccavi.* Donnez-moi votre bénédiction, mon Pere, car je suis un grand pécheur. Après sa bénédiction, vous direz :

JE confesse à Dieu tout-puissant, à la bienheureuse Marie toujours Vierge, à S. Michel Archange, à S. Jean-Baptiste, aux Apôtres saint Pierre & saint Paul, à tous les

de la Confession. 135

Saints, & à vous, mon Pere, parce que j'ai beaucoup péché par pensées, paroles & actions.

Et quand vous aurez achevé votre accusation, & qu'il vous ordonnera d'achever votre *Confiteor*, vous direz:

C'Est ma faute, c'est ma faute, c'est ma très-grande faute. C'est pourquoi je prie la bienheureuse Marie toujours Vierge, saint Michel Archange, S. Jean-Baptiste, les Apôtres S. Pierre & S. Paul, tous les Saints, & vous, mon Pere, de prier pour moi le Seigneur notre Dieu. Ainsi soit-il.

Ah! c'est alors qu'il faut soupirer du fond de votre cœur pour avoir tant offensé Dieu, & attendre de sa bonté le pardon de vos péchés: même vous mettre en l'état d'un criminel sur le point d'être exécuté à mort, & qui recevroit sa grace inespérée au moment de son exécution.

Si le Pénitent est obligé d'atten-

dre la commodité de son Confesseur, je lui conseille cependant de s'entretenir avec Dieu par de petites Oraisons, telles que sont les suivantes, tirées de l'Ecriture.

Illumina oculos meos, ne unquam obdormiam in morte, nequando dicat inimicus meus: Prævalui adversus eum. Seigneur, éclairez les yeux de mon ame, de peur que je ne sois enseveli dans la mort du péché, & que mon ennemi ne se vante d'avoir remporté la victoire en me faisant succomber.

Miserere meî, Deus, miserere meî; quoniam in te confidit anima mea. Ayez pitié de moi, Seigneur, ayez pitié de moi; car mon ame a mis en vous toute sa confiance.

Clamavi ad te, dixi: Tu es spes mea, portio mea in terra viventium. J'ai crié à vous, Seigneur, & j'ai dit : Vous êtes toute mon espérance & ma portion dans la terre des vivans.

Multa flagella peccatoris, spe-

de la Confession. 137

rantem autem in Domino misericordia circumdabit. Le pécheur est châtié en beaucoup de diverses manieres; mais celui qui espere au Seigneur, sera environné de miséricorde.

Si le Pénitent a quelque peu d'intelligence, il sera bon qu'à chacun de ces passages il fasse des réflexions, ou une petite espéce de méditation.

Etant enfin sorti du Tribunal, faites réflexion sur la grace que vous venez de recevoir; & plus de cœur que de bouche, pratiquez l'Acte suivant, qui vous fournira des matieres pour méditer, tant que vous le souhaiterez.

ACTE DE CONTRITION après la Confession.

Cet Acte en comprend huit particuliers. Le 1. de Foi. Le 2. de douleur de ses péchés. Le 3. de propos de s'amender à l'avenir. Le 4. d'offrande de soi-même. Le 5. d'amour de Dieu. Le 6. de détestation de ses péchés. Le 7. d'espérance de pardon.

Acte après la Confession.

Le 8. des demandes à Dieu de la grace & du secours divin.

O Dieu tout-puissant & infini en miséricordes, j'ai tant commis de péchés, & tant fait d'injures à votre divine Majesté, que je suis digne des peines de l'enfer, & de tous les réprouvés. Mais mon unique & souverain Créateur & Sauveur, je me prosterne aux pieds du Trône de votre grace, je vous en demande miséricorde & pardon. Je m'en repens de tout mon cœur, & je les déteste tous dans l'amertume de mon ame. Hélas! fol & insensé que je suis, je me garderai bien à l'avenir de préférer ma volonté à la vôtre, mon inclination à vos Commandemens, & mes passions à vos jugemens. Je l'ai fait, malheureux que je suis; mais j'en ai de la douleur plus que de toute autre infortune qui me puisse arriver; & cela, mon Dieu, pour le seul amour de votre aimable bonté. C'est pourquoi je pro-

Acte après la Confession.

teste aussi de fuir dorénavant toutes les occasions du péché pour vous servir avec une fidélité inviolable, & de vous satisfaire par la pénitence qui m'a été enjointe par mon Confesseur, & par toutes celles qui me seront envoyées par votre justice. Mais sur-tout, je vous offre pour satisfaction, votre Sainteté, votre Sang & votre mort: les mérites de votre sacrée Mere, & de tous vos Saints, avec tout ce que je pourrai faire de bien, étant assisté de votre grace, & tout ce que je souffrirai de peine pendant le cours de ma vie. C'est ma résolution, ô mon Jesus, de souffrir toutes les choses imaginables, plutôt que de vous offenser. Faites, mon Dieu, que je ne veuille jamais autre chose que ce que je veux en ce moment, qui est de vous aimer pardessus toutes les choses aimables, & de n'aimer rien que vous, ô seule & unique bonté, source & principe du véritable amour, & de

Acte après la Confession.

ne rien craindre de toutes les choses les plus fâcheuses, excepté votre disgrace que nous encourons par un seul péché mortel. A l'égard de mes péchés véniels même, mon Dieu, je les déteste, & m'efforcerai, moyennant votre sainte grace, & pour votre seul amour, de les éviter, ou au moins d'en diminuer le nombre; je me propose de n'y tomber jamais volontairement, ni de propos délibéré. Après quoi, mon Sauveur, je mets humblement ma confiance en votre miséricorde qui ne veut point la mort du pécheur; & j'espere que par les mérites de votre Sang précieux, elle abolira tous mes péchés; & que me les ayant pardonnés, vous me ferez encore la grace de régler tellement ma vie, que je vous serve désormais selon votre bon plaisir. C'est la faveur, Pere Eternel, que je demande au pied de la Croix de mon Sauveur, désirant de toutes mes forces, une goutte de son Sang

Acte après la Confession. 141

pour suppléer au défaut & à la foiblesse de mes larmes. Vous connoissez, mon Sauveur, le fond de mon ame : Pardonnez-moi, secourez-moi, & me sauvez pour jamais, & dans l'éternité des siecles bien-heureux. Pour cela, mon Dieu, appliquez votre grace à mes fautes & à mes péchés, pour me les pardonner ; appliquez votre bonté à ma malice, pour la corriger ; & votre miséricorde à mes miseres, pour les soulager. Je viens de me jetter aux pieds de votre Vicaire, je lui ai confessé tous mes péchés, j'en ai reçu la pénitence & l'absolution. Ratifiez, s'il vous plaît, ô mon Dieu, cette absolution qui m'a été donnée ; & par son moyen appliquez efficacement à mon ame le prix de la Mort & de la Passion de mon Sauveur ; en sorte que non-seulement je m'en retourne pur & net de tout péché, mais aussi fortifié de votre grace, pour n'y plus retomber.

EXERCICE
DE LA SAINTE
COMMUNION.

Pour bien communier, il faut avoir fait une véritable & sincére Confession; car la pureté de la conscience est la premiere & la principale condition pour approcher de ce Sacrement. J'ai dit, bien communier; car communier dignement est une chose dont les Anges ni les hommes ne peuvent jamais être capables. Et si nous approchons si souvent de la sainte Eucharistie, ce n'est qu'un effet de la pure bonté de Dieu, qui non-seulement nous le permet, mais aussi qui nous le commande. En sorte que pour n'en pas approcher indignement il faut s'éprouver soi-même, comme dit saint Paul: car qui n'en a pas toutes les dispositions & les conditions nécessaires, mange sa propre condamnation. Cette épreuve peut servir de préparation ; & comme elle ne consiste qu'en une réflexion sérieuse sur l'état où l'on se trouve, & en l'exercice de quelques vertus, & principalement de l'humilité & de la charité, il sera bon de faire l'Acte suivant.

ACTE DE PRÉPARATION
à la sainte Communion.

JE suis dans une grande perplexité, ô mon Dieu ; car d'une part j'ai un desir extrême d'approcher de votre divin Sacrement, parce que je sçais les avantages qui m'en peuvent revenir ; & de l'autre, je tremble & je frémis quand je pense à mon entreprise, parce que je sçais l'effroyable inconvénient qui m'en peut arriver. Toutefois puisque votre bonté m'y convie avec tant de douceur, j'oserai en prendre la résolution. Mais, mon Dieu, quand je considere qu'un pur néant comme je suis, prétend non-seulement d'approcher, mais même de recevoir dans son cœur l'auteur, le principe & le souverain dominateur de tous les êtres. Que dis-je, mon Dieu ? Quand je pense qu'un cœur souillé de tant de crimes veut s'unir à la pureté même de celui qui est si saint, que les Chérubins & les Séraphins voilent leur face en sa présence, de peur d'être anéantis & abîmés par la grande sainteté qui lui est naturelle : mes inquiétudes se redoublent, & je ne peux qu'à peine fixer ma résolution. Néanmoins, mon Dieu, j'ai tant de confiance en votre miséricorde, que j'espere que vous me revêtirez de la robe nuptiale, pour n'être pas entierement indigne de me trouver à ce sacré banquet. Ce sont les vertus, mon Seigneur, que je vous demande avec tout l'empressement que mon cœur peut former. Mais entr'autres l'humilité qui vous est si agréable, & qui me doit être si na-

de la Communion. 145

turelle : la charité à laquelle je suis si étroitement obligé par tant de graces dont vous m'avez favorisé ; & un grand desir de vous posséder, en sorte que je n'en puisse jamais être séparé.

Actes aux approches & au moment de la sainte Communion, qui pourront servir à s'entretenir avec Dieu.

*V*Eni, Domine, & noli tardare. Venez, mon Dieu, & ayez la bonté de ne pas différer. *Cor meum & caro mea exultaverunt in Deum vivum.* Mon cœur & ma chair se sont réjouis au Dieu vivant. *Quam dilecta tabernacula tua, Domine virtutum !* Dieu des Vertus, que vos tabernacles sont aimables ! *Panem nostrum quotidianum da nobis hodie.* Donnez-nous aujourd'hui notre pain de chaque jour. *Dominus regit me, & nihil mihi deerit, in loco pascuæ ibi me collocavit.* Le Seigneur a soin de moi, il m'a mis dans un pâturage fertile & abondant. Ah! que j'ai bien plus de sujet que le Centenier de dire: *Domine, non sum dignus ut intres sub tectum meum; sed tantùm dic verbo, & sanabitur anima mea.* Seigneur, je ne suis pas digne que vous entriez en ma maison; mais dites seulement une parole, & mon ame sera sauvée. Je le dis, mon Dieu, & le redis continuellement. Faites-moi miséricorde, Seigneur, en ce bienheureux moment.

Acte de Remerciment
après la sainte Communion.

JE vous rends graces, mon Sauveur, avec un profond ressentiment & un cœur attendri & plein de reconnoissance, de l'inconcevable & inestimable bienfait dont vous venez de me gratifier. O que cette grace m'est sensible, & qu'elle me ravit puissamment le cœur! Soyez-en beni, adoré & remercié à jamais, ô mon Dieu.

de la Communion. 147

Mais, mon Seigneur, je n'ai point de paroles, ni même de pensées, qui puissent vous exprimer ce que j'en ressens. Vous le sçavez bien mieux que moi, mon Dieu, & il n'est pas besoin que je m'en mette en peine autrement que par un silence profond, causé dans la considération de vos bontés infinies. Mais puisque votre Prophète vous a dit autrefois: *Te decet silentium, Deus, in Sion.* O Dieu, qu'un silence respectueux vous est agréable en Sion! Permettez-moi que je me serve de ce respect silentieux pour vous adorer, & pour vous rendre tous les témoignages de ma reconnoissance. Toutefois, mon Dieu, permettez-moi encore de vous dire avec l'épouse du Cantique: *Inveni quem diligit anima mea, tenui eum, nec dimittam.* J'ai trouvé celui que mon ame chérit de toutes ses affections; je le retiendrai, & ne l'abandonnerai jamais. C'est le comble de mes desirs, mon dou-

Sauveur. Car *quid mihi est in cœlo, & à te quid volui super terram, Deus cordis mei, & pars mea, Deus, in æternum?* Qu'ainsi je ne desire autre chose dans le Ciel & sur la terre, que vous qui êtes le Dieu de mon cœur, & le seul bien auquel j'espere dans toute l'éternité.

Nécessité de l'action de graces après la sainte Communion.

N'Est-il pas vrai que si quelque personne de grande distinction vous avoit fait l'honneur de vous appeller à sa table, vous resteriez le plus que vous pourriez avec elle après le repas, & vous ne chercheriez pas à vous retirer en lui disant deux mots de remerciment. Mais quelle comparaison y a-t'il du Roi des Rois, de Dieu, de l'Auteur & du Souverain de la nature, avec un Roi de la terre, avec un Prince, avec un homme qui deviendra un jour poudre & cendre, de même que le dernier de ses sujets? Quoi,

de la Communion. 149

après avoir eu l'honneur d'être assis à sa sainte Table, & y avoir été rassasié, non pas de viandes corporelles & matérielles, mais du corps, du sang, de l'ame & de la divinité du Fils de Dieu, vous lui refuserez une demie heure d'entretien qui suive votre remerciment ? A la vérité, vous vous êtes acquitté de ce qui vous est ordonné étroitement ; mais ce n'est pas assez : il faut rentrer en vous-même, & vous employer à faire des Actes de vertu. Il y en a grand nombre sur qui vous pourriez vous exercer ; mais je ne vous en prescrits que quatre, de peur que la multitude ne vous donne quelque dégoût, ou quelque ennui. Vous ferez donc des Actes d'humilité, de foi, d'espérance & de charité. En voici les modéles.

ACTE D'HUMILITÉ.

Comment se peut-il faire, mon Dieu, que je fasse un Acte d'humilité devant votre divine Majesté? Ne suis-je pas assez humilié & abaissé de moi-même, sans me mettre en peine de vous protester de ma soumission & de ma servitude? Que suis-je autre chose qu'un pécheur? Et qu'y a-t'il de plus bas, de plus méprisable que le pécheur? Si le néant pouvoit être quelque chose, lui qui n'est qu'un nom, quand même il retiendroit la qualité de néant, il seroit sans doute plus élevé que le pécheur. Et cependant je suis si corrompu, qu'il faut que je descende du faste de ma vanité & de mon orgueil pour vous dire, mon Dieu, que je m'humilie devant vous, que je ne suis & ne peux rien sans vous: que je ne suis qu'un pur néant qui subsiste par votre toute-puissance; & moins considérable que le dernier des insectes, que de la boue, que de la cendre, qu'un atôme. Mais, mon Dieu, parce que *humilium tibi semper placuit deprecatio*, la priere des humbles vous a toujours été agréable;

de la Communion.   151

permettez-moi de vous dire, que si je ne suis pas humble par la vertu d'humilité, je suis le plus humilié de tous les hommes par mes péchés abominables; & qu'imitant le Publicain de l'Evangile qui n'osoit regarder le Ciel, je vous dise comme lui: *Deus, propitius esto mihi peccatori.* Pardon, Seigneur, pardon au plus grand de tous les pécheurs; d'autant plus, mon Dieu, que *cor contritum & humiliatum non despicies,* vous ne rebutez point un cœur contrit, humilié, abattu & prosterné devant le trône de votre divine Majesté, où j'implore du fond de mon cœur la grace de vos bontés & de vos miséricordes infinies.

ACTE DE FOI.

L'Acte de Foi le plus autentique dont l'on se puisse servir, est de prononcer avec attention & réflexion le Symbole des Apôtres, Credo in Deum, *& le reste. Mais parce qu'il ne contient point d'affection, vous* *pouvez y entremêler celles qui suivent, & qui s'adressent aux trois divines Personnes, comme elles sont distinctes dans ce Symbole.*

PEre Eternel, votre toute-puissance est trop connuë pour en pouvoir douter aucunement. Je la crois, mon Dieu; mais plus fermement que je ne crois que je suis vivant. Car il est necessaire que vous soyez tout-puissant; & il est impossible que vous ne le soyez pas; mais il n'est pas necessaire que je sois vivant, puisqu'à tout moment je suis au hazard de ne l'être plus. Je crois encore, mon Dieu, tous vos divins attributs, qu'il ne m'appartient pas de pénétrer. Je crois aussi que vous engendrez votre Fils de toute éternité, par la voie de l'entendement. Je crois que l'un & l'autre vous produisez le S. Esprit par la voie de la volonté. Je sçais que pour approcher de vous, il faut croire, comme dit votre Apôtre: *Accedentem ad Deum oportet*

de la Communion. 153

credere. C'est pourquoi je vous proteste de ma foi pour tout ce que vous avez révélé à l'Eglise, ma sainte Mere. Mais mon Dieu, puisque la foi est un de vos dons les plus précieux & les plus nécessaires, s'il se trouve quelque foiblesse, ou quelque chose de moins ferme dans la mienne. Ah! *Domine, adjuva incredulitatem meam.* Seigneur, aidez mon peu de foi, disoit l'aveugle né. *Domine, adauge nobis fidem*, disoient les Apôtres : Seigneur, augmentez-nous la foi ; c'est la grace que je vous demande du fond de mon cœur, & dans le dernier abaissement de mon ame. Je ne suis créé que pour vous, mon Dieu, faites-moi la grace de parvenir à vous par les moyens que vous avez établis.

Acte d'Esperance.

L'Oraison Dominicale est tout-à-fait propre à exciter l'Espérance dans une ame. Elle ne contient que des demandes, & pour demander, il faut espérer. Présentez-la au Fils de Dieu, & faites un Acte de vertu, qui ne puisse finir dans votre intention qu'au dernier moment de votre vie.

VERBE incarné, sur quoi puis-je appuyer mon espérance, que sur le prix de votre sang précieux? Ah! qu'elle est bien établie, mon Dieu, quand mon ame a une telle caution de son salut. Oui, mon Rédempteur, c'est vous qui me sauverez; c'est vous qui me donnerez la vie éternelle au prix de votre vie temporelle, & je n'ai pû, mon Dieu, l'espérer que par ce moyen. Mais après un gage si assuré, que n'espérerai-je pas? J'espérerai tout, mon Dieu, & n'espérerai que vous, car vous êtes mon tout: *Deus meus & omnia*, disoit saint François. Mais, mon Sauveur, puisque l'espérance donne la hardiesse de demander, permettez-moi de vous faire des demandes.

de la Communion. 155

Donnez-moi que je puisse toujours espérer, mais ce qu'il faut, & comme il faut. Point de présomption sans coopérer; point d'espérances hérétiques. L'application seulement, mon Dieu, de votre sang précieux sur les bonnes œuvres que vous me ferez pratiquer. *Opera illorum sequuntur illos*, dit votre Apôtre bien-aimé, dans son Apocalypse; *Leurs œuvres les suivent*, & pour moi, mon Jesus, je vous demande de pouvoir espérer la gloire, en la méritant par des actions qui vous soient agréables, accompagnées de vos mérites. Car si j'établis ma confiance sur ce que je peux faire, je m'appuye sur du vent; & si je n'espére qu'en votre rédemption toute seule, sans mettre la main à l'œuvre, je suis un téméraire & un présomptueux. Accordez-moi donc, s'il vous plaît, mon Dieu, la sainte union de vos mérites & de ma coopération; afin qu'après avoir espéré en vous dans cette vie mortelle, je puisse vous posseder en l'Eternité bienheureuse.

Sur la Charité.

Voici le couronnement de votre Confession & de votre Communion. Vous devez avoir paré votre ame de la principale & de la premiere des vertus, qui est la Charité, sans laquelle saint Paul dit, (en parlant de lui-même,) qu'il n'est rien, quand bien il feroit des miracles & souffriroit le martyre. Voyez donc de quelle importance il vous est d'en produire un acte enflamé. Vous avez demandé la Foi au Pere Eternel, l'Espérance au Verbe incarné, & vous demanderez la Charité au S. Esprit. Or cette vertu que l'on appelle autrement Amour, se pratique en observant les Commandemens de Dieu, dont les deux premiers ne parlent que de l'amour de Dieu & du prochain; & il est dit dans l'Ecriture qu'ils comprennent

de la Communion. 157

toute la Loi. In his duobus mandatis universa lex pendet & Prophetæ : *Toute la Loi & les Prophétes dépendent de ces deux Commandemens. Animez donc votre esprit, échauffez votre cœur, & embrasez votre ame, pour dire plutôt de sentiment & de pensée, que de vive voix.*

ACTE DE CHARITÉ.

SAint Esprit, Amour éternel, Amour justifiant, Amour sanctifiant, qui êtes égal au Pere & au Fils, de qui vous procédez en unité parfaite de nature, & en trinité de personnes distinctes : après que j'ai demandé la Foi au Pere Eternel, & que j'ai obtenu l'Espérance du Verbe incarné ; je vous demande vous-même, ô Personne divine, non pas en la maniere visible & miraculeuse que vous ont autrefois reçu les Apôtres, mais seulement mon Dieu, par infusion, par grace & par l'effet que vous causez dans les ames, dont vous opérez la sanctification. Esprit Saint, il y a sept dons, dont vous gratifiez les cœurs qui vous sont dévoués & agréables ; faites-m'en quelque part, ô mon Dieu. *Anima mea sicut terra sine aqua tibi*, vous disoit David ; mon ame est devant vous comme une terre sèche, & qui n'est point arrosée. *Lava quod est sordidum*. Lavez en moi, Seigneur, ce qui y est impur ; *riga quod est aridum* ; rafraîchissez & humectez ce qui y est aride ; *sana quod est saucium*, & guérissez ce qui y est blessé. Répandez sur moi, s'il vous plaît, comme le charitable Samaritain, le vin & l'huile ; le vin de vos corrections paternelles, mais de la maniere que vous avez dit ; *Percutiam, & ego sanabo* ; je blesserai, & puis je guérirai ; & l'huile de vos infinies miséricordes. C'est à vous, mon Dieu, que je demande du fond de mon ame, la persévérance finale ; car que me servira-t'il d'avoir eu la Foi, l'Espérance, & même la Charité pendant quelque temps, si je ne rends mon esprit à mon Créateur dans l'exercice & dans la pratique de ces divines vertus ? Faites-moi cette grace, ô mon Dieu, afin que je puisse à jamais chanter vos louanges avec tous les bienheureux que vous avez sanctifiés. Ainsi soit-il.

On a jugé à propos de mettre ci-après les sept Pseaumes de la Pénitence, avec des pieuses Aspirations sur les Litanies du nom de Jesus & de la sacrée Vierge, pour la commodité de ceux qui s'en voudront servir durant toute la matinée, aux jours qu'ils s'approcheront des Sacremens, avec de courtes Réflexions pour se disposer à une bonne mort.

LES SEPT
PSEAUMES
DE LA
PENITENCE.

Ant. Seigneur, souvenez-vous.

PSEAUME 6.

SEigneur, ne me reprenez pas dans votre fureur, & ne me châtiez pas dans votre colere.

Ayez pitié de moi, Seigneur, car je languis de foiblesse : guérissez-moi, Seigneur, car mes os sont ébranlés, & mes forces abbatues.

Mon ame est saisie de trouble ; jusqu'à quand, Seigneur, tarderez-vous à me secourir?

Ne vous détournez plus de moi, Seigneur, délivrez mon ame ; sauvez-moi par votre miséricorde.

Car votre nom est en oubli parmi les morts : & qui célébrera vos louanges dans le fond du tombeau & des enfers?

Je me lasse à force de gémir ; je fais nager mon lit dans mes pleurs toutes les nuits : je le perce de mes larmes.

Mes yeux sont ternis, & comme rongés d'indignation & de douleur: ils sont desséchés de tristesse en l'état misérable où m'ont réduit mes ennemis.

Retirez-vous de moi, vous tous qui êtes des injustes ; car le Seigneur a écouté la voix de mes pleurs.

Le Seigneur a écouté ma priere : le Seigneur a reçu ma plainte.

Que tous mes ennemis soient couverts de honte, & saisis d'étonnement & de trouble : qu'ils s'en retournent tout honteux & tout confus. Gloire au Pere, &c.

PSEAUME 31.

Heureux celui à qui les iniquités sont pardonnées, & de qui les péchés sont couverts.

Les sept Pseaumes

Heureux celui à qui le Seigneur n'impute point les offenses, & dont l'esprit retourne à Dieu sincèrement.

Parce que je me suis tû, la corruption s'est envieillie dans mes os, me faisant crier tout le long du jour.

Car votre main s'est appésantie sur moi durant le jour & durant la nuit ; & toute ma vigueur s'est desséchée comme l'herbe durant l'été.

Je vous ai avoué mon péché ; & je n'ai point tenu mon iniquité secrette.

J'ai dit en mon ame : Il faut que je confesse contre moi-même mes offenses au Seigneur : & vous m'avez remis la malice de mon péché.

C'est ce qui portera tous les justes à vous adresser leurs prieres au temps propre pour trouver miséricorde.

Et certes quelque violent que soit le déluge & le débordement des grandes eaux, il ne pourra

de la Pénitence. 163

jamais atteindre jusqu'à eux.

Vous êtes mon asyle & mon refuge contre tous les maux qui m'environnent : ô mon Dieu, qui êtes ma joie, délivrez-moi de mes ennemis qui m'assiégent de toutes parts.

Je vous ferai entendre tout ce que vous devez faire, je vous enseignerai le chemin par lequel vous devez marcher ; & j'aurai sans cesse l'œil sur vous pour vous conduire.

Ne ressemblez pas au cheval & au mulet, qui sont sans raison.

Et à qui il faut serrer la bouche avec un mords & une bride, parce qu'autrement ils ne vous obéiroient pas.

Dieu frappe les méchans de plusieurs fléaux & de plusieurs playes : mais il environne de sa miséricorde & de son secours ceux qui espérent en lui.

Réjouissez-vous, Justes, dans le Seigneur, & soyez ravis de joye,

& chantez les louanges, vous tous qui avez le cœur droit.

Gloire au Pere, &c.

Pseaume 37.

SEigneur, ne me reprenez pas dans votre fureur, & ne me châtiez pas dans votre colere.

Car vos fléches m'ont percé de toutes parts : & votre main m'a fait de profondes playes.

Votre indignation m'a réduit à n'avoir plus aucune partie saine dans mon corps : & mes péchés m'ont réduit à être agité & inquieté jusques dans les os.

Mes iniquités m'ont submergé, & se sont élevées jusques par-dessus ma tête : elles me sont un fardeau si pesant, que je n'en puis supporter le faix.

L'inflammation & la pourriture se forment de jour en jour dans mes playes : & la violence de mon mal est un effet de mon égarement.

Je suis tout courbé & tout abattu : & je marche toujours avec un visage triste & défiguré.

Car je sens dans mes flancs une ardeur qui me tourmente ; & je n'ai plus aucune partie saine dans mon corps.

Je suis tout languissant & tout brisé : & mon cœur ne pousse que des sanglots & des cris.

Seigneur, vous voyez où tendent tous mes desirs ; & le gémissement de mon ame ne vous est point caché.

Mon cœur est agité de trouble & d'inquiétude, mes forces me quittent : mes yeux m'abandonnent, & même ont perdu leur clarté & leur lumiere.

D'une part mes amis & mes familiers se sont retirés de moi, me voyant frappé de cette playe.

Et mes proches se sont éloignés de moi : & de l'autre, ceux qui cherchent ma mort me tendent des piéges.

Ceux qui cherchent ma ruine

tiennent de méchans discours, & méditent sans cesse quelque tour & quelque artifice pour me perdre.

Mais je n'écoute non plus leur discours que si j'étois sourd; & je n'ouvre non plus la bouche, que si j'étois muet.

Je suis devenu comme un homme qui n'a point d'oreilles pour entendre, ni de langue pour répliquer.

Mais, Seigneur, vous m'exaucerez, vous qui êtes mon Seigneur & mon Dieu, puisque j'ai mis toute mon espérance en vous.

Puisque vous ayant dit que mes ennemis pourroient se réjouir de mes maux; ils ont déja commencé de parler avec orgueil & avec insolence, dès qu'ils m'ont vû chancelant & ébranlé.

Puisque je suis prêt de souffrir les miseres qu'il vous plaira m'envoyer, & que le péché qui me cause tant de douleur, est toujours présent à mes yeux.

de la Pénitence.

Puisque je reconnois mon iniquité, & que mes offenses passées me tiennent dans un soin continuel.

Cependant mes ennemis sont vivans, & se fortifient : ceux qui me haïssent injustement croissent tous les jours en nombre & en puissance.

Ils me rendent le mal pour le bien, à cause que je fais profession de vertu & de piété.

Seigneur, ne m'abandonnez pas : mon Dieu, ne vous éloignez pas de moi.

Hâtez-vous de me venir secourir, puisque c'est de vous dont j'attens & espére mon salut.

Gloire au Pere, &c.

PSEAUME 50.

AYez pitié de moi, mon Dieu, selon votre grande miséricorde.

Et effacez tous mes crimes selon la grandeur & la multitude de vos bontés.

Lavez-moi toujours de plus en plus de toutes les taches de mes péchés, & purifiez-moi de mes offenses.

Car je reconnois mes crimes, & mon péché est toujours présent devant moi.

J'ai péché contre vous seul, & j'ai fait des actions criminelles devant vos yeux: pardonnez-les-moi, Seigneur, afin que vous soyez reconnu fidéle dans vos promesses.

Vous voyez que j'ai été engendré dans l'iniquité; & que ma mere m'a conçû dans le péché.

Je n'ignorois pas que vous vouliez que l'on fût à vous du fond du cœur : & vous m'aviez même inspiré en secret la connoissance de votre sagesse.

Purifiez-moi donc avec l'hysope, & je serai pur : lavez-moi, & je deviendrai plus blanc que la neige.

Faites-moi entendre une parole de consolation & de joie : & mon ame, que vous avez humiliée, tressaillera d'allegresse.

Détournez vos yeux pour ne

voir plus mes offenses : & effacez tous mes péchés.

Mon Dieu, créez un cœur pur en moi, & renouvellez l'esprit de justice & de vertu au fond de mes entrailles.

Ne me rejettez pas de devant votre présence, & ne retirez pas de moi votre saint Esprit.

Rendez-moi la joie de votre assistance salutaire, & fortifiez-moi par un esprit qui me fasse faire le bien d'une volonté parfaite.

J'apprendrai aux pécheurs vos voies & votre conduite, afin qu'ils reviennent à vous.

O Dieu, ô Dieu mon Sauveur, délivrez-moi de la peine que méritent mes actions sanguinaires : & ma langue publiera hautement votre équité & votre justice.

Seigneur, ouvrez mes lèvres, & ma bouche annoncera vos louanges.

Si vous aimiez les sacrifices, je vous en aurois offert : mais les holocaustes ne vous sont point agréables.

Le sacrifice que vous demandez, mon Dieu, est un esprit abattu d'affliction & de repentance : vous ne rejetterez pas un cœur contrit & percé de douleur & de regret.

Seigneur, répandez vos bénédictions & vos graces sur Sion, & bâtissez les murs de Jerusalem.

Vous aimerez alors les sacrifices de justice, les offrandes & les holocaustes : alors on vous offrira des victimes sur votre Autel.

Gloire au Pere, &c.

PSEAUME 101.

SEigneur, écoutez ma priere : & que mes cris s'élévent jusqu'à vous.

Ne détournez pas votre visage de moi ; prêtez l'oreille à ma voix lorsque je suis dans l'affliction.

Hâtez-vous de me venir secourir, lorsque j'implore votre assistance.

Car mes jours se sont évanouis comme la fumée, & mes os se sont séchés comme un foyer où le feu brûle sans cesse.

Mon cœur est devenu sec comme l'herbe qui est frappée & fanée par l'ardeur du soleil, parce que j'ai oublié de manger mon pain.

Mes os tiennent à ma peau à force de gémir & de soupirer.

Je suis devenu semblable au pélican des déserts, & au hibou des lieux solitaires & ruinés.

Je passe la nuit en veillant, & je me trouve comme un passereau qui est tout seul sur le toit d'une maison.

Tous les jours mes ennemis me couvrent d'opprobres : ceux qui s'animent contre moi d'une fureur insensée me maudissent avec imprécations.

Je mange la cendre comme le pain; & je mêle mon breuvage de mes larmes.

A cause de votre indignation & de votre colere: car m'ayant élevé en haut, vous m'avez laissé tomber.

Mes jours s'en vont comme l'ombre qui s'évanouit au soir : & je seche comme l'herbe.

Mais vous, Seigneur, vous vivez éternellement : & la mémoire de votre nom passera dans tous les âges.

Vous vous leverez bientôt, & aurez pitié de Sion : puisque le temps d'avoir compassion d'elle, le temps que vous avez arrêté est venu.

Puisque vos serviteurs ont tant de zéle pour ses pierres & pour ses ruines, & qu'ils en aiment même jusqu'à la poussiere.

Les nations craindront votre nom, Seigneur, & tous les Rois de la terre votre puissance & votre gloire.

Lorsque le Seigneur aura rebâti Sion, lorsqu'il se sera fait voir dans sa gloire & sa Majesté.

Lorsqu'il aura tourné ses regards sur la priere des humbles destitués de toute assistance ; & qu'il

de la Pénitence. 173

n'aura point méprisé leur oraison.

On écrira ce rétablissement de Jerusalem, pour en faire passer la mémoire dans le dernier âge; & le peuple qui sera créé dans les siécles à venir, louera le Seigneur.

De ce qu'il aura regardé du haut de son sanctuaire, de ce qu'il aura contemplé la terre du haut du Ciel.

Pour écouter les gémissemens des captifs; & pour tirer des liens ceux qui étoient condamnés à mort.

Afin qu'ils célébrent son nom dans Sion, & ses louanges dans Jerusalem.

Lorsque les peuples & les Royaumes se joindront ensemble pour servir le Seigneur.

Mais cependant il a affoibli ma force dans le chemin; il a accourci mes jours.

Je lui ai dit : Mon Dieu, ne me retirez pas du monde au milieu de ma vie : vos années dureront dans la suite de tous les âges.

Vous avez créé la terre dès le commencement du monde, & les Cieux sont l'ouvrage de vos mains.

Ils périront, mais vous, vous demeurerez: ils vieilliront tous comme un vêtement.

Ils changeront tous de forme comme un manteau, quand vous le voudrez; mais vous, vous serez toujours le même, & vos années ne finiront point.

Et ainsi les enfans de vos serviteurs habiteront la terre, & leur postérité subsistera toujours en votre présence.

Gloire au Pere, &c.

Pseaume 129.

SEigneur, je m'écrie vers vous du profond abîme où je suis: Seigneur, écoutez ma voix.

Rendez, s'il vous plaît, vos oreilles attentives à ma priere.

Seigneur, si vous nous traitiez selon nos péchés, qui pourroit subsister en votre présence?

Mais vous usez de miséricorde &

de clémence, afin que vous ayez des serviteurs qui vous craignent, & qui vous adorent : ainsi j'attens le Seigneur.

Je l'attens avec grand desir, & me confie en ses paroles & en ses promesses : mon ame attend le Seigneur.

Avec plus d'impatience que les sentinelles sur la fin de la nuit, n'attendent le lever de l'aurore : Israël, mets ton attente au Seigneur.

Car le Seigneur est plein de miséricorde, & il a des graces abondantes pour nous racheter.

Il rachetera lui-même Israël, & le délivrera de tous ses péchés.

Gloire au Pere, &c.

PSEAUME 142.

Seigneur, écoutez ma priere, entendez mon humble demande : exaucez-moi selon la vérité de vos promesses, & selon votre justice.

N'entrez point toutefois en jugement avec votre serviteur : parce que nul homme vivant ne se peut justifier devant vous.

Exaucez-moi, car l'ennemi me poursuit pour m'ôter la vie : & m'ayant déja renversé, il est tout prêt de me la ravir.

Il m'a fait demeurer dans des lieux obscurs & ténébreux, comme les sepulchres, où les morts demeurent depuis long-temps ; mon esprit tombe dans la défaillance, & je sens mon cœur tout troublé.

En cet état je me souviens des siécles passés où vous avez assisté nos peres, & de ce que vous avez fait en leur faveur ; je médite sur les ouvrages de vos mains.

J'étends mes bras vers vous dans la priere : & mon ame vous attend comme une terre séche attend la pluie.

Seigneur, hâtez-vous de m'exaucer : car mon esprit tombe dans la défaillance.

Ne détournez pas votre visage de moi, afin que je ne devienne pas

de la Pénitence. 177

semblable à ceux qui descendent sous la terre.

Faites-moi entendre bientôt & dès le matin la voix de votre miséricorde, puisque je mets mon espérance en vous.

Faites-moi connoître la voye par laquelle je dois marcher, puisque je tiens mon ame élevée vers vous.

Délivrez-moi de mes ennemis, Seigneur, puisque j'ai eu recours à vous : enseignez-moi à faire votre volonté, car vous êtes mon Dieu.

Que votre bon Esprit me conduise par un chemin droit : conservez-moi la vie, Seigneur, pour la gloire de votre nom.

Tirez mon ame d'affliction pour la gloire de votre justice : perdez tous mes adversaires pour la gloire de votre bonté.

Et faites périr tous ceux qui affligent mon ame, parce que je suis votre serviteur.

Gloire au Pere, &c.

Ant. Seigneur, souvenez-vous

de moi, & ne tirez point vengeance de mes péchés; ne vous souvenez point de mes fautes, ni de celles de mes parens.

LITANIES DES SAINTS.

Seigneur, ayez pitié de nous.
Christ, ayez pitié de nous.
Seigneur, ayez pitié de nous.
Christ, écoutez-nous.
Christ, exaucez-nous.
Pere céleste, qui êtes Dieu, ayez pitié de nous.
Fils Rédempteur du monde, qui êtes Dieu, ayez pitié de nous.
Esprit Saint, qui êtes Dieu, ayez pitié de nous.
Trinité sainte, qui êtes un seul Dieu, ayez pitié de nous.
Sainte Marie, priez pour nous.
Sainte Mere de Dieu, priez.
Sainte Vierge des Vierges, priez.
Saint Michel, priez.
Saint Gabriel, priez.
Saint Raphaël, priez.

des Saints. 179

Saints Anges & Archanges,
Saints Ordres des Esprits bien-
heureux,
Saint Jean-Baptiste,
Saints Patriarches & saints Pro-
phétes,
Saint Pierre,
Saint Paul,
Saint André,
Saint Jacques,
Saint Jean,
Saint Thomas,
Saint Jacques,
Saint Philippe,
Saint Barthelemi,
Saint Matthieu,
Saint Simon,
Saint Thadée,
Saint Mathias,
Saint Barnabé,
Saint Luc,
Saint Marc,
Saints Apôtres & saints Evan-
gélistes,
Saints Disciples du Seigneur,
Saints Innocens,

Priez pour nous.

180   Les Litanies

Saint Etienne,
Saint Clément,
Saint Laurent,
Saint Vincent,
Saint Fabien & saint Sébastien,
Saint Cosme & saint Damien,
Saint Gervais & saint Protais,
Saints Martyrs,
Saint Sylvestre,
Saint Grégoire,
Saint Ambroise,
Saint Augustin,
Saint Jerôme,
Saint Martin,
Saint Marcel,
Saint Nicolas,
Saints Pontifes & saints Con-
　　fesseurs,
Saints Docteurs,
Saint Antoine,
Saint Benoît,
Saint Bernard,
Saint Dominique,
Saint François,
Saints Prêtres & saints Lévi-
　　tes,

Priez pour nous.

des Saints. 181

Saints Religieux & saints Hermites,
Sainte Anne,
Sainte Marie Magdeleine,
Sainte Agathe,
Sainte Luce,
Sainte Agnès,
Sainte Cécile,
Sainte Catherine,
Sainte Anastasie,
Sainte Geneviéve,
Saintes Vierges & saintes Veuves,

Priez pour nous.

O vous, Saints & Saintes de Dieu, intercédez pour nous.
O Dieu, soyez-nous favorable, pardonnez-nous, Seigneur.
Soyez-nous favorable, exaucez-nous, Seigneur.
De tout mal, délivrez-nous, Seigneur.
De tout péché, délivrez.
De votre colere, délivrez.
De la mort subite & imprévûe, dél.
Des embûches du démon, délivrez-nous, Seigneur.

Les Litanies

De la colere, de la haine, & de toute mauvaise volonté, déliv.
De l'esprit de fornication,
Des feux de l'air & des tempêtes,
De la mort éternelle,
Par le mystere de votre sainte Incarnation,
Par votre avénement,
Par votre naissance,
Par votre Baptême & votre saint jeûne,
Par votre Croix & votre Passion,
Par votre mort & par votre sépulture,
Par votre sainte Résurrection,
Par votre admirable Ascension,
Par l'avénement de votre saint Esprit Consolateur,
Au jour du Jugement,

} Délivrez-nous, Seigneur.

Quoique nous soyons pécheurs, écoutez-nous, nous vous en prions.
Nous vous prions de nous pardonner, écoutez-nous.

des Saints. 183

De nous faire grace, écoutez-nous.
De nous conduire à une véritable pénitence, écoutez-nous.
De gouverner & de conserver votre sainte Eglise, écoutez-nous.
De conserver dans la sainte Religion le Pere Apostolique, & tous les Ordres Ecclésiastiques, écoutez-nous.
De conserver notre Roi, écoutez-nous.
D'humilier les ennemis de votre sainte Eglise, écoutez-nous.
De donner la paix & la concorde aux Rois & aux Princes Chrétiens, écoutez-nous.
D'accorder une paix & une unité de foi & d'amour à tous les peuples Chrétiens, écoutez-nous.
De nous fortifier & de nous conserver dans votre saint service, écoutez-nous.
D'élever nos esprits vers vous, par des desirs célestes & spirituels, écoutez-nous.
De récompenser tous nos bien-

faicteurs, en leur donnant les biens éternels, écoutez-nous.

De délivrer nos ames de la damnation éternelle, & celles de nos freres, de nos proches, & de nos bienfaicteurs, écoutez-nous.

De nous donner & de nous conserver les fruits de la terre, écoutez-nous.

De donner le repos éternel à tous les Fidéles qui sont morts, écoutez-nous.

Nous vous prions d'entendre nos vœux, écoutez-nous.

Fils de Dieu, écoutez-nous.

Agneau de Dieu, qui effacez les péchés du monde, pardonnez-nous, Seigneur.

Agneau de Dieu, qui effacez les péchés du monde, exaucez-nous, Seigneur.

Agneau de Dieu, qui effacez les péchés du monde, ayez pitié de nous.

Christ, écoutez-nous.

Christ, exaucez-nous.

Seigneur,

Prieres. 185

Seigneur, ayez pitié de nous.
Christ, ayez pitié de nous.
Seigneur, ayez pitié de nous.

Notre Pere, &c. *tout bas.*

℣. Et ne nous laissez point succomber à la tentation. ℟. Mais délivrez-nous du mal. Ainsi soit-il.

PRIERE. *Domine, non secundùm.*

SEigneur, ne nous traitez pas selon les péchés que nous avons commis, & ne nous rendez pas ce que méritent nos offenses.

℣. Seigneur, ne vous souvenez point de nos iniquités passées ; hâtez-vous de nous prévenir par vos miséricordes, parce que nous sommes réduits à une extrême pauvreté.

℣. Assistez-nous, ô mon Dieu, qui êtes notre Sauveur : délivrez-nous, Seigneur, pour la gloire de votre saint Nom, & pardonnez-nous nos péchés pour l'amour de ce même nom.

℣. Montrez-nous, Seigneur, vo-

M

tre miséricorde. ℟. Et donnez-nous votre salut.

ORAISON.

O Dieu! qui par une bonté qui vous est propre, êtes toujours prêt de faire grace, & de pardonner: recevez favorablement notre priere; & faites, s'il vous plaît, que les chaînes du péché, qui lient nos ames & celles de vos autres serviteurs, soient rompues par la puissance de votre miséricorde infinie.

EXaucez, Seigneur, les très-humbles prieres de ceux qui s'adressent à vous, & pardonnez les péchés à ceux qui vous les confessent; afin que nous recevions de vos bontés, & le pardon de nos offenses, & une véritable paix.

SEigneur, faites paroître sur nous les effets de votre ineffable miséricorde; afin que vous nous délivriez de tous nos péchés, & des peines que nous avons méritées en les commettant.

Prieres.

O Dieu! que les péchés offensent, & que la pénitence appaise; écoutez favorablement les prieres de votre peuple, & détournez de dessus nos têtes les fléaux de votre colere, que nous y avons attirés par nos péchés.

Pour le Pape. ORAISON.

Dieu tout-puissant & éternel, ayez pitié de notre Pontife N. votre serviteur; conduisez-le, par votre miséricorde, dans la voie du salut éternel, en lui faisant désirer par un effet de votre grace, ce qui vous est agréable, & en le lui faisant accomplir de toutes ses forces.

Antienne pour la Paix.

Seigneur, donnez-nous la paix tous les jours de notre vie : car il n'y a que vous qui combattez pour nous, Seigneur notre Dieu.

℣. Que la paix regne dans vos forteresses, ô cité sainte. ℟. Et l'abondance dans vos murs.

Prieres.

ORAISON.

O Dieu! de qui procédent les saints desirs, les justes desseins & les bonnes actions, donnez à vos serviteurs la paix que le monde ne leur peut donner; afin que nos cœurs étant délivrés de la crainte de nos ennemis, ne s'appliquent qu'à l'observation de vos commandemens, & que notre siécle demeure tranquille sous la protection de votre puissance.

Pour demander la pureté de l'ame & du corps. ORAISON.

BRûlez, s'il vous plaît, Seigneur, notre cœur & nos reins du feu sacré de votre Esprit; afin que nous vous servions avec un corps chaste, & que par la pureté de nos ames, nous vous soyions agréables.

Pour les Morts. ORAISON.

O Dieu! qui êtes le Créateur & le Rédempteur de tous les Fidéles, accordez aux ames de vos serviteurs & de vos servantes la rémission de leurs péchés; & faites, par le secours de la piété de votre Eglise, qu'elles obtiennent le pardon qu'elles ont toujours désiré.

Pour commencer saintement ses actions. ORAISON.

SEigneur, nous vous supplions de prévenir toutes nos actions par votre Esprit, & de les conduire par une assistance continuelle ; afin que toutes nos prieres & nos œuvres, sortant de vous comme de leur principe, se rapportent à vous comme à leur unique fin.

Pour les vivans & les morts.
ORAISON.

DIeu tout-puissant & éternel, qui avez un pouvoir absolu sur les vivans & sur les morts, & qui faites sentir les effets de votre miséricorde à tous ceux que vous connoissez devoir être du nombre de vos Elûs par leur foi & par leurs bonnes œuvres : Nous vous supplions humblement que tous ceux pour qui nous vous offrons nos prieres, soit qu'ils vivent encore ici-bas dans un corps mortel, ou qu'ils ayent été dépouillés de leur chair, & qu'ils jouïssent d'une autre vie, obtiennent de votre bonté, par l'intercession de tous les Saints, le pardon de leurs péchés. Par notre Seigneur Jesus-Christ. Ainsi soit-il.

℣. Que le Seigneur tout-puissant & tout miséricordieux nous exauce. ℟. Ainsi soit-il.

℣. Et que les ames des fidéles reposent toujours en paix, par la miséricorde de Dieu. ℟. Ainsi soit-il.

Pour demander le Paradis pour tous nos parens, bienfaicteurs & amis défunts. ORAISON.

O Dieu, qui vous plaisez à pardonner, & qui aimez le salut des hommes; nous vous supplions d'accorder à nos freres, à nos sœurs, à nos parens, à nos amis, & à nos bienfaiteurs, qui sont sortis de ce monde, que par l'intercession de la bienheureuse Marie toujours Vierge, & de tous les Saints, ils

Litanies du Nom de Jesus. 191
soient tous unis avec eux dans la béatitude éternelle. Ainsi soit-il.

PIEUSES ASPIRATIONS
SUR
LES LITANIES
DU NOM DE JESUS.

SAinte Trinité, un seul Dieu : Faites-nous miséricorde.

Jesus Fils du Dieu vivant : Que par votre grace nous devenions ses enfans d'adoption, & vos cohéritiers dans l'héritage céleste.

Jesus la splendeur de votre Pere : Rendez-nous dignes de l'envisager dans les splendeurs de l'Eternité bienheureuse, où il tient son trône.

Jesus très-puissant : Que nous ressentions les favorables effets de votre pouvoir contre les atteintes du démon.

Jesus très-fort : Que votre saint Nom nous soit un bouclier à toute épreuve, & invincible aux traits de nos ennemis.

Jesus très-parfait : Que nous ne prenions que vous seul pour modéle, & pour guide au chemin de la perfection.

Jesus très-glorieux : Que nous ne nous promettions pas d'arriver à la gloire par des routes différentes des vôtres, en nous trop flattant.

Jesus merveilleux : Confirmez-nous dans la foi des merveilles que vous avez faites pour notre salut, & pour nous attirer à vous.

Jesus le plus humble des hommes : Abaissez notre orgueil jusques aux fondemens & à la base des vertus, qui est l'humilité.

Jesus très-pauvre : Qu'à votre exemple nous aimions la sainte pauvreté, & méprisions les richesses périssables.

Jesus très-debonnaire : Donnez-nous une sincere douceur à l'égard de toutes sortes de gens,

du Nom de Jesus. 193
fussent-ils nos persécuteurs.

Jesus très-patient : Faites-nous imiter votre admirable patience dans les adversités & dans les souffrances.

Jesus très-obéissant : Qu'en marchant sur vos vestiges, nous préférions pour l'intérêt de Dieu, l'obéissance à la vie.

Jesus amateur de la pureté : Eteignez en nous l'ardeur de la concupiscence & de la volupté, qui cause la mort à l'ame.

Jesus Dieu de paix : Donnez-nous cette véritable paix qui vient d'en-haut, & que vous seul pouvez donner.

Jesus amateur de notre salut : Allumez dans nos cœurs le feu sacré du divin amour, & que votre S. Esprit l'entretienne toujours.

Jesus miroir de notre vie : Faites que nous la réformions sur la vôtre, n'ayant que vous pour objet.

M v

Jesus unique modéle des vertus : Que nous ne faſſions cas que de celles qui ſont vraiment chrétiennes.

Jesus régle des mœurs : Que les nôtre reçoivent de votre grace le caractere qui vous les rend recommandables.

Jesus zélateur de nos ames : Sauvez-les, puiſque vous les avez rachetées au prix ineſtimable de votre ſang.

Jesus notre refuge : Que votre divine protection ne nous manque point, & couvrez-nous toujours de votre ombre.

Jesus pere des pauvres : Enrichiſſez-nous de vos dons céleſtes, afin que nous ne paroiſſions pas devant vous les mains vuides.

Jesus conſolateur des affligés : Ne détournez pas votre viſage benin & vos regards bienfaiſans de deſſus nous dans nos traverſes & nos néceſſités.

Jesus tréſor des Fidéles : Soyez nodu Nom de Jesus. 195

tre unique trésor, puisqu'en vous seul se trouvent tous ceux de la sagesse & de la science de Dieu.

Jesus bon Pasteur : Ramenez à votre bercail tant de malheureuses brebis errantes, afin qu'elles n'écoutent plus d'autres voix que la vôtre.

Jesus vraie lumiere : Eclairez & vivifiez les ames, qui sont dans la région de l'ombre de la mort.

Jesus sagesse éternelle : Accordez-nous le don de la véritable sagesse, afin que nous ne pensions plus qu'aux choses du Ciel.

Jesus bonté infinie : Pardonnez-nous les péchés sans nombre par lesquels nous avons offensé la divine Majesté.

Jesus voie, vérité & vie : Que nous marchions par vous, que nous croyions à vos oracles, & que nous ne vivions que de vous.

Jesus la joie des Anges : Soyez aussi la nôtre, puisque c'est vous

qui devez être notre récompense, comme Dieu.

Jesus Roi des Patriarches : Défen-
dez-nous des insultes de celui
qui est le Roi de tous les superbes, qui n'ont pour vous que de
l'indifférence.

Jesus qui avez inspiré les Prophétes : Ouvrez-nous l'esprit pour
bien entendre ce qu'ils ont dit
& laissé par écrit touchant vos
mysteres.

Jesus Maître des Apôtres : Donnez-nous un zéle Apostolique,
pour l'observation de vos préceptes & de vos conseils.

Jesus Docteur des Evangélistes :
Que nous apprenions parfaitement de vous l'excellence de la
loi de grace, & la science du
salut.

Jesus force des Martyrs : Donnez-
nous un courage invincible pour
la gloire de votre nom, & pour
la défense de votre sainte Foi.

Jesus lumiere des Confesseurs :

du Nom de Jesus. 197

Révélez-nous vos divins secrets, que vous tenez cachés aux sages superbes de ce siécle.

Jesus Epoux des Vierges : Ne permettez pas que nos ames vous soient infidéles, au point de s'attacher à d'autres qu'à vous.

Jesus la couronne de tous les Saints : Soyez la nôtre, & ayez la bonté de couronner un jour vos dons en couronnant nos mérites.

Soyez-nous propice : D'autant que, si vous examinez à la rigueur nos iniquités, nous sommes perdus sans ressource.

Soyez-nous propice : Car nul homme vivant ne pourra se justifier devant vous.

Délivrez-nous de tous péchés : Et pour ce sujet nous implorons votre immense miséricorde, & le secours très-efficace de vos graces.

De votre juste vengeance : Que nous en soyons à couvert par la

compassion que vous avez té‑
moignée de nos malheurs.
Des embûches du démon : Don‑
nez l'ordre à vos Anges de nous
en défendre, en quelque ren‑
contre que ce soit.
De la négligence de vos inspira‑
tions : Que votre esprit, qui n'est
que bonté, ne nous y laisse pas
tomber, & qu'il nous conduise
par les plus droits sentiers.
De la transgression de vos com‑
mandemens : Que la crainte de
votre justice formidable nous en
détourne, mais encore plus l'a‑
mour de votre bonté.
De la mort éternelle : Nous espé‑
rons que votre mort, qui fut no‑
tre vie, nous en délivrera par le
mérite de votre sang précieux.
Par votre Incarnation : Nous vous
conjurons d'avoir compassion
d'une chair semblable à celle de
votre humanité.
Par votre Naissance : Faites que
nous renaissions, & que nous

soyons revêtus du nouvel homme créé selon Dieu, en sainteté & en justice.

Par votre Circoncision : Que nos cœurs soient circoncis spirituellement, pour nous renouveller en esprit.

Par votre Enfance : Que nous soyons rendus semblables à des enfans sans malice ; & que nous désirions ardemment le lait de votre doctrine.

Par votre vie toute divine : Que nous ne vivions plus à nous-mêmes, mais que notre vie soit entierement absorbée en Dieu.

Par vos travaux : Donnez-nous du courage & de la force, puisque nous sommes travaillés de miseres continuelles, & presque accablés du fardeau de nos péchés.

Par votre agonie : Que vous ayez la bonté de nous assister dans le temps de la nôtre, afin que nous passions d'une vie mortelle à une vie immortelle.

Par vos douleurs : Donnez-nous une véritable douleur, & un vif repentir d'avoir offensé la divine Majesté.

Par votre flagellation : Faites que quand nous sommes châtiés par les fléaux de la Justice céleste, nous retournions à Dieu.

Par vos épines & vos opprobres : Touchez nos ames de componction, & couvrez-nous de confusion, de ce que nous nous sommes tant de fois mocqués de vous.

Par votre Croix & votre abandonnement : Crucifiez nos cœurs avec vous, afin que nous résistions fortement au démon tentateur, au siécle perverti, & à la chair pécheresse.

Par vos playes : Guérissez en nous les blessures & les langueurs qui affligent l'homme intérieur.

Par votre mort & votre sépulture : Que nous mourrions, & soyons ensevelis avec vous à *du Nom de Jesus.* 201

tout ce qui est du vieil Adam.

Par votre Résurrection : Faites-nous la grace de ressusciter avec vous, afin que nous menions une vie toute nouvelle.

Par votre Ascension : Elevez nos esprits jusqu'à vous, & que notre conversation ne tende qu'au lieu où vous êtes, à la droite de votre Pere.

Par vos saintes joies : Que pour l'amour de vous, nous renoncions sincérement aux satisfactions vaines & impures de la nature corrompue.

Par votre gloire : Que nous n'en ayons point d'autre, que de nous glorifier en l'espérance des enfans de Dieu.

Par votre sainte Mere : Qu'elle intercéde pour nous, & que par le crédit qu'une mere a sur son fils, elle obtienne ce que nous vous demandons par sa puissante intercession.

Par tous vos Saints : Qu'ils nous

aident par leurs prieres.

Jesus, Agneau de Dieu, qui effacez les péchés des hommes : Pardonnez-nous.

Jesus, Agneau de Dieu, qui effacez les péchés des hommes : Faites-nous miséricorde.

ORAISON.

SEigneur Jesus-Christ, qui avez dit : Demandez, & vous recevrez ; cherchez, & vous trouverez ; frappez, & il vous sera ouvert ; faites-nous la grace de concevoir l'affection de votre amour divin, afin que nous vous aimions de tout notre cœur, en vous confessant de bouche & d'action, & que jamais nous ne cessions de vous louer. Par le même Jesus-Christ notre Seigneur, qui vit & regne avec vous en l'unité du S. Esprit, dans tous les siécles des siécles.

PIEUSES ASPIRATIONS
SUR
LES LITANIES
DE LA
SAINTE VIERGE.

Sainte Trinité, un seul Dieu : Faites-nous miséricorde.

Sainte Marie : Priez pour nous.

Mere de Jesus-Christ : Adoucissez-le en notre faveur, afin qu'il ne nous soit pas Juge implacable à l'heure de notre mort.

Mere très-pure : Faites que nous menions une vie pure & sainte, & que d'un cœur parfait nous puissions plaire à votre Fils.

Mere très-chaste : Qu'en vous honorant nous nous conservions dans le siécle, comme n'en étant plus, avec sobriété, piété & justice.

Mere toujours Vierge : Obtenez-nous par votre intercession, la grace de conserver toujours le précieux trésor de la chasteté & de la pureté.

Mere toute aimable : Que nous ayons pour vous tout l'amour des enfans les plus tendres, & que nous vous aimions comme notre mere.

Mere admirable : Que nous ne cessions d'admirer les grandes choses que le Tout-puissant a faites par vous & en vous ; & sur-tout l'union de la maternité divine, avec la plus pure virginité.

Mere du Créateur : Conjurez-le fortement de changer notre cœur pervers, & d'en créer un tout nouveau, qui le serve sincérement.

Mere du Sauveur : Que nous vous reconnoissions pour la coopératrice de notre salut, & que nous en ressentions des effets avantageux.

Vierge très-prudente : Qu'en vous imitant nous soyons prudens comme des serpens, & sim-

de la sainte Vierge. 205
ples comme des colombes.

Vierge vénérable : Après le nom très-adorable de votre Fils, que sur tous les autres le vôtre nous soit toujours en singuliere vénération.

Vierge très-louable : Lorsque nous louons Jesus-Christ comme fleur, à Dieu ne plaise que nous oublions de vous louer comme sa tige.

Vierge puissante : Demandez pour nous à votre cher Fils, que l'ancien serpent dont il a écrasé la tête, ne nous infecte point de son venin mortel.

Vierge clémente : Implorez la clémence de celui qui n'a été conçu dans votre sein que pour être le Rédempteur du monde.

Vierge fidéle : Ne souffrez pas que ceux qui vous rendent fidélement leurs devoirs, soient frustrés de leurs espérances.

Miroir de Justice : Que le Soleil de Justice, qui est sorti de votre sein comme d'un beau nuage, ne nous lance, par votre entremise, que des rayons doux & benins.

Siége de la Sagesse : Obtenez-nous de la Sagesse incréée, qui s'est incarnée en nous, qu'elle nous remplisse, & prenne possession de nos ames.

Cause de notre joie : Portez au Thrône de votre Fils nos gémissemens & nos larmes ; & priez-le qu'il ait la bonté de changer nos tristesses en joye.

Vase du S. Esprit : Obtenez de votre divin Époux, qu'il répande sur nous quelques gouttes de la plénitude des graces que vous possédez.

Vase d'honneur : Demandez pour vos enfans quelques-uns de ces fruits de gloire & d'abondance que vous portez.

Vase éclatant de dévotion : Obtenez-nous l'onction sainte de l'Esprit dont vous avez été remplie.

de la sainte Vierge. 207

Rose mystique : Vous répandez par-tout la bonne odeur de vos rares vertus : priez le Seigneur, que nous courions après vous, & que nous nous efforcions de les imiter.

Tour de David ; Tour d'yvoire : Si vous voulez bien vous intéresser pour nous, nous trouverons dans votre puissante protection une forteresse inaccessible à tous nos ennemis ; & le Pere des miséricordes nous rendra, comme vous, également forts & purs.

Palais éclatant d'or : Obtenez-nous du S. Esprit l'or le plus pur de la plus ardente charité.

Arche d'alliance, qui avez renfermé dans votre sein le vrai Propitiatoire : Demandez pour nous à votre cher Fils l'esprit de la nouvelle alliance, la grace de l'adoption des vrais enfans.

Porte du Ciel : Que nous vous trouvions toujours ouverte, toujours disposée à nous obtenir par vos prieres les graces qui peuvent nous faire entrer dans le séjour de la gloire.

Etoile du matin : Ne nous abandonnez pas pendant la navigation dangereuse que nous faisons sur la mer de ce monde ; aidez-nous par vos prieres & par vos exemples à nous avancer heureusement vers le port du salut.

Santé des infirmes : On peut bien vous donner ce titre, puisque c'est par vous que nous avons reçu l'Auteur de la vie & de la santé spirituelle des ames : En cette qualité nous vous prions d'obtenir du céleste Médecin, qu'il nous guérisse de tous les maux spirituels de nos ames.

Refuge des pécheurs : Que vos prieres nous donnent un libre accès à ce divin Propitiatoire, à ce Thrône de grace, où le Pere des miséricordes est disposé à nous pardonner nos péchés.

de la sainte Vierge. 209

Consolatrice des affligés : C'est dans votre puissante intercession, que nous trouvons la plus solide consolation dans tous nos maux ; & quels biens ne pouvons-nous pas en espérer ?

Secours des Chrétiens : Ne nous abandonnez pas : aidez-nous par vos prieres à bien vivre, & à bien mourir.

Reine des Anges : Obtenez-nous de votre cher Fils la pureté de ces bienheureux Esprits, & la disposition où ils sont continuellement d'exécuter tous les ordres de la divine Majesté.

Reine des Patriarches, des Prophétes & des Apôtres : Obtenez-nous la grace de persévérer jusqu'à la fin dans l'Eglise, dont ils sont le fondement, & dont Jesus-Christ est la principale pierre de l'angle.

Reine des Martyrs : Obtenez-nous la grace de soutenir comme eux, au prix de nos biens, de notre liberté, & de notre vie, la foi qu'ils ont scellée de leur sang.

Reine des Confesseurs & des Justes : Demandez pour nous le bonheur d'être placés dans le rang de ces bienheureux.

Reine des Vierges : Que toutes celles qui vous ont suivi, & qui ont été dignes d'être admises dans la salle des nôces de l'Agneau, joignent leurs prieres aux vôtres, pour nous obtenir la félicité dont vous jouissez avec elles dans le Ciel.

Reine de tous les Saints : Faites-nous sentir les doux effets de votre puissante protection auprès du Saint des Saints, l'Auteur de la sainteté, la sainteté même.

Agneau de Dieu, & Fils de Marie, qui effacez les péchés du monde, pardonnez-nous.

Agneau de Dieu, & Fils de Marie, &c. exaucez-nous.

Agneau de Dieu, & Fils de Marie, &c. faites-nous miséricorde.

REFLEXIONS

Pour se disposer à une bonne mort.

Tous les hommes sont condamnés à mourir une fois. *Statutum est omnibus hominibus semel mori*, dit l'Apôtre saint Paul. Le sçais-tu bien, mon ame ? Y as-tu pensé quelquefois ? Sans doute qu'ayant vû & oüi parler de morts si fréquentes, si subites & si différentes, même des têtes couronnées qui n'en sont pas exemptes, non plus que les autres, il est comme impossible, que tu n'en ayes conçu quelque idée. Mais si tu y as pensé, comment se peut-il faire que tu n'ayes point changé de vie, & si tu n'as point changé de vie, comment y as-tu pensé ? Tu t'es peut-être persuadée que ce qui arrive aux autres, ne t'arrivera pas; ou bien tu as esperé une longue vie, pendant laquelle tu as crû qu'il étoit inutile de penser à la mort. Ah! que tu t'es trompée : car il n'y a rien de si nécessaire, tant pour le repos de ta conscience, que pour la conduite de ta vie, que la pensée de la mort. A l'égard de ton repos, ne sçais-tu pas cette Sentence si instructive & si connue : *Memorare novissima tuâ, & in æternum non peccabis?* Souviens-toi de la mort, souviens-toi de tes fins dernieres, & tu ne pécheras jamais? Et y a-t-il rien qui donne tant de repos, que de ne point pécher? A l'égard de ta conduite, y a-t-il quelque action considérable dans la vie & dans la société des hommes, où l'on ne se précautionne contre les accidens de la mort? Sois donc convaincue, mon ame, qu'il faut penser à la mort. Mais comment y faut-il penser? Il faut considérer la mort comme le commencement & la fin de toutes choses : *Principium & finis.* Le commencement d'une vie qui ne finira jamais. La fin d'une vie qui n'a guéres durée. Laissons, mon ame, laissons donc cette vie qui est passée, & faisons réflexion sur celle à venir. Elle sera ou bienheureuse ou malheureuse. A l'égard de la premiere, apprens bien, mon ame, & retiens bien ce qui suit : *Beati mortui qui in Domino moriuntur.* Bienheureux les mourans qui meurent au Seigneur. Pour mourir au Seigneur, il faut vivre au Seigneur. Pour bien mourir, il faut bien vivre.

Qu'est-ce que bien vivre & vivre au Seigneur ? C'est vivre de son Esprit : *Qui spiritu Dei aguntur, ii sunt filii Dei :* Ceux qui sont animés de l'Esprit de Dieu, sont les enfans de Dieu. C'est faire sa volonté, obéir à ses Commandemens & faire son possible pour se conserver dans sa grace. Penses-y bien, mon ame, & fais profit de cette petite réflexion. A l'égard de la malheureuse, voici des paroles qui te feront trembler.

Mors peccatorum pessima. La mort des méchans est très-mauvaise. Ah! certes, elle est bien à appréhender ; car elle est suivie d'une éternité de peines, que l'esprit humain n'est pas capable de concevoir. Car si saint Paul a dit que l'œil n'a point vû, l'oreille n'a point entendu, & le cœur de l'homme n'a pû pénétrer ce que Dieu a préparé à ses amis : il faut en dire autant des supplices qu'il a destinés à ses ennemis.

La mort est la porte & l'entrée de ces deux éternités si différentes, & tu n'y penses point, mon ame, & tu n'y fais point de réflexion. Quel aveuglement! quelle stupidité!

Dis donc à Dieu avec un profond ressentiment : *Illumina oculos meos, ne unquam obdormiam in morte.* Eclairez mes yeux, mon Dieu, afin que je ne m'endorme point dans la mort. *Notum fac mihi, Domine, finem meum, & nu-*

merum dierum meorum quis est, ut sciam quod desit mihi. Seigneur, faites-moi connoître ma fin & le nombre de mes jours, afin que je sçache ce qui me manque pour mourir en votre grace. Ou bien, dis avec Ezéchias : *Ego dixi in medio dierum meorum : Vadam ad portas inferi.* J'ai dit au milieu de mes jours : J'irai aux portes de l'enfer. Il est certes bien doux d'aller à la porte, & de n'y pas entrer. Mais il ne sera pas temps après la mort d'aller à cette porte, dans l'espérance de n'y pas demeurer; il faut donc y aller pendant que tu animes mon corps : & le vrai chemin de ce voyage si nécessaire & si avantageux, n'est autre que la pensée de la mort. Penses-y donc, mon ame, mais penses-y sérieusement, continuellement, efficacement; car l'éternité dépend d'un moment : *Ex momento pendet æternitas.*

Ce n'est pas encore assez, mon ame. Il y a un milieu entre ces deux grandes extrémités, qui est la suite de la mort. Car quoique les ames des reprouvés soient abîmées dans l'enfer au moment de leur séparation d'avec le corps; il n'en est pas de même des ames des Elûs à l'égard du Paradis. Il y en a peu, & très-peu, qui ayent le privilége d'aller au Ciel aussi-tôt après la mort: Rien de souillé n'y peut entrer, dit saint Jean. Ces ames n'ont pas encore payé toutes leurs dettes: elles sont encore redevables à la Justice divine des peines temporelles qu'il faut endurer dans le Purgatoire. Et ces peines sont si sensibles, si violentes & si douloureuses, qu'elles ne different de celles de l'enfer, que dans l'espérance d'en être délivré. Il est vrai qu'il n'y a ni rage, ni grincemens de dents, ni blasphêmes, ni imprécations comme dans l'enfer : mais c'est un lieu de plaintes améres, de tendres & amoureux soupirs, de larmes continuelles, & de souf-

a une bonne mort. 217
frances intolérables, si elles n'étoient rendues supportables par la charité, par l'amour, & par le grand attachement que ces pauvres ames endurantes ont pour Dieu, dans le milieu & au plus fort de leurs tourmens.

Il y a encore cette différence entre l'enfer & le Purgatoire, que dans l'enfer il n'y a aucun soulagement : *In inferno nulla est redemptio.* Mais dans le Purgatoire il y a des rafraîchissemens. La miséricorde de Dieu que le Prophéte Royal dit être par dessus toutes ses œuvres, y agit sans doute fortement, quoiqu'il semble que sa Justice y tienne le souverain empire. Cette justice même y est satisfaite, non-seulement par les mérites & les prieres de la sacrée Vierge & de tous les Saints, mais aussi par les entremises des Fidéles qui lui présentent des sacrifices, des aumônes, des Oraisons, des austérités, & d'autres sortes de bonnes œuvres; qu'elle accepte par sa bonté, en expiation & en acquit des dettes dont ces pauvres ames sont encore chargées. Mais enfin fais réflexion, mon ame, sur leurs souffrances qui ne cessent point entierement, jusques à ce qu'elles entrent dans le Ciel; conçois-en de la compassion, employe pour leur délivrance les moyens que l'Eglise a donnés; & souviens-toi que si tu les aides pendant que tu es en cette vie, sans doute que lorsqu'elles seront dans le Ciel, elles te soulageront, & s'empresseront saintement pour te procurer la gloire du Paradis. Ainsi soit-il.

PRIERE

de saint Bernard à la sainte Vierge.

SAinte Vierge, qui avez été si heureuse, que de trouver grace devant le Seigneur, que d'engendrer la vie, & d'être la mere du salut ; faites-nous trouver accès auprès de Jesus-Christ votre Fils, comme c'est par vous qu'il nous a été donné, que ce soit aussi par vous qu'il nous reçoive en sa sainte garde. Que l'éminence de votre pureté efface devant la Majesté divine les taches de notre corruption ; & que votre humilité, sans exemple, nous fasse obtenir le pardon de notre vanité & de notre orgueil. Que votre charité si abondante couvre la multitude de nos péchés ; & que votre fécondité si miraculeuse répande sur nous une fécondité de graces & de mérites. Vous êtes notre Reine, notre Médiatrice & notre Avocate : réconci-

220 *Prière de S. Bernard.*
liez-nous avec votre Fils, recommandez-nous à lui, & présentez-nous à lui. Faites, ô Vierge incomparable, qui avez été comblée de bénédictions par la miséricorde singuliere dont vous avez été honorée, & par les graces innombrables dont vous avez été enrichie, que Jesus-Christ votre Fils, notre Maître & notre Dieu, qui a daigné se rendre, par votre entremise, participant de nos foiblesses & de nos miseres, nous rende aussi, par votre intercession, participans de sa gloire & de sa beatitude, dont il jouit dans l'éternité des siécles. Ainsi soit-il.

FIN.

646209
646210
646215
646206
646208
_____

six sol a reçu

Mr Homant

Z
BLAIS
270

www.ingramcontent.com/pod-product-compliance
Lightning Source LLC
Chambersburg PA
CBHW071945160426
43198CB00011B/1555